Jorge Enrique González Pacheco

BAJO LA LUZ DE MI SANGRE
UNDER THE LIGHT OF MY BLOOD

Trafford Publishing
Primera edición / First edition
2009

Compre este libro en línea visitando www.trafford.com
o por correo electrónico escribiendo a orders@trafford.com

La gran mayoría de los títulos de Trafford Publishing también
están disponibles en las principales tiendas de libros en línea.

© Copyright 2009 Jorge Enrique González-Pacheco.
© Ilustración de portada "Juan Bautista" por Tomás Oliva Jr. / www.olivasart.com
© Diseño de la portada por Diana Luna y Carlos Tanne.
© Diseño interior del libro por David B. Preston.
© Fotografía por J.L.H (Miami, Fl. USA)
© De los Prólogos / Prologues: Eugenia Toledo y Elena Tamargo.
© De la Introducción / Introduction: Diego Ropero Regidor.
© De la Traducción / Translators:
Vanesa Cresevich (London, UK), Martín Boyd (Toronto, Canadá).

Aviso a Bibliotecarios: La catalogación bibliográfica de este libro se encuentra en la
base de datos de la Biblioteca y Archivos del Canadá. Estos datos se pueden obtener
a través de la siguiente página web: www.collectionscanada.ca/amicus/index-e.html

Impreso en Victoria, BC, Canadá.

ISBN: 978-1-4251-8036-2 (Soft)
ISBN: 978-1-4251-8037-9 (e-book)

*En Trafford Publishing creemos en la responsabilidad que todos, tanto individuos
como empresas, tenemos al tomar decisiones cabales cuando estas tienen impactos
sociales y ecológicos. Usted, en su posición de lector y autor, apoya estas iniciativas de
responsabilidad social y ecológica cada vez que compra un libro impreso por Trafford
Publishing o cada vez que publica mediante nuestros servicios de publicación. Para
conocer más acerca de cómo usted contribuye a estas iniciativas, por favor visite:
http://www.trafford.com/publicacionresponsable.html*

*Nuestra misión es ofrecer eficientemente el mejor y más exhaustivo servicio de
publicación de libros en el mundo, facilitando el éxito de cada autor. Para
conocer más acerca de cómo publicar su libro a su manera y hacerlo disponible
alrededor del mundo, visítenos en la dirección www.trafford.com*

Trafford rev. 9/8/2009

 www.trafford.com

Para Norteamérica y el mundo entero
llamadas sin cargo: 1 888 232 4444 (USA & Canadá)
teléfono: 250 383 6864 ♦ fax: 812 355 4082

A Nancy Esther Pacheco,
Ileana C. González-Pacheco
y
Vivian Goldbloom

To Nancy Esther Pacheco,
Ileana C. González-Pacheco
and
Vivian Goldbloom

INDICE / CONTENTS

TRADUCTORES / TRANSLATORS:

Martín Boyd
Vanesa Cresevich

DOBLE PROLOGO

DOUBLE PROLOGUE

Soliloquio en la brisa, tu poesía

Se dice que los poetas místicos nacen desde adentro. También se dice que no se puede circunscribir a los poetas místicos contemporáneos a los moldes clásicos o conectarlos a los poetas del pasado que cultivaron el género. El caso del poeta cubano Jorge Enrique González Pacheco y la presente obra es un excelente ejemplar de la búsqueda de cauces expresivos y de estéticas inefables en nuestro tiempo. *Bajo la luz de mi sangre* recopila textos de una calidad que horada los huesos y el alma. Dedicado a la memoria de su madre, este volumen comprime el dolor y el desamparo del poeta en casi imposibles espacios pequeños o células espirituales de poesías. Es una elegía, un homenaje, un estado de gracia redimido.

Jorge Enrique crea una intimidad lírica de contemplación y de amor, cuidadosamente tejidos con el lenguaje en imágenes innovadoras de creatividad. Auténtico connaisseur del espíritu humano, sus versos se nos abren como abanico de filigrana intricada: "¿No sabes? Soy presencia en sabiduría de aguas," nos dice en *Al fulgor de cantos y más nada*.

Su poesía representa lo que los franceses llaman *esprit*, es decir, una vuelta hacia adentro, una mirada hacia sí mismo. El término místico que deriva del griego *muein* significa cerrar. Y esto es lo que la poesía de Jorge Enrique González hace: da vuelta la lírica estableciendo un subjetivismo al mismo tiempo que planteando códigos secretos y signos ocultos (léase el poema *Secreto*) que sólo él podría entender en su totalidad.

Soliloquy in the breeze, your poetry

It has been said that mystic poetry is born from within. It has also been said that we cannot circumscribe contemporary mystic poets within the classical mold or connect them to poets of the past who cultivated this genre. The case of the Cuban poet Jorge Enrique González Pacheco and the present work is an excellent example of experiments with the language of the lyric and the ineffable aesthetics of our time. *Under the Light of my Blood* concentrates poetry of a quality that pierces the marrow of your soul. Dedicated to the memory of the poet's mother, this book compresses the suffering and the loneliness of the poet into almost impossibly small spiritual cells or spaces. It is an elegy, an homage, a redeemed state of grace.

Jorge Enrique creates lyric intimacy of contemplation and love, carefully woven with language into innovative images of creativity. An authentic connaisseur of the human soul, he opens his verses like a fan of intricacy: "Don't you know? I am a presence in wisdom of waters," he tells us in *To the Effulgence of Song and Then Nothingness.*

His poetry represents what the French called *esprit* which means to go back or to look inside. The same term, mystic, derives from the Greek word *muein,* which means to close. And while the contemporary lyric often avoids discussing categories of identity, Jorge Enrique's collection of poems turns the lyric around, establishing subjectivity and raising secret codes or hidden signs, read his poem called *Secret,* that only he can fully understand.

El místico tradicional recorría varias etapas sucesivas en un viaje de purificación que debía terminar en la unión con Dios o en una especie de matrimonio espiritual, con una entidad alta. Elevada. Superior.

En cambio hoy, los poetas se adentran en el mar de la mística a través de diferentes dimensiones, recargados con su experiencia interior, sus sentimientos y la peripecia lingüística. Esta no es una poesía fácil de escribir. Jorge Enrique lo demuestra. Aquí la poesía exige arduo esfuerzo asentado en el recogimiento, el hábito de la soledad, el silencio, el dolor y el trabajo intelectual. El poeta se aleja de la vida diaria y observa el mundo cultural de nuestros tiempos, elevándose por sobre los tópicos que la sociedad actual ha jubilado. Esta es poesía de repliegues intensos. El poeta expone los artificios y la futilidad de nuestra realidad para valorar lo más importante, vale decir, el preciado tesoro de la vida misma, la fe, el amor y la esperanza. Lo que los místicos originales llamaban "gozo espiritual".

San Juan de la Cruz habló de los poetas místicos como pájaros solitarios. El místico es fuego siempre ardiendo y regenerándose. Esta es la razón, porque es imposible medir la temperatura de esta concentrada emoción, no fácilmente visible para el lector que no se introduce en el elemento substancial de la llama. El Goethe escolástico hablaba de una dialéctica de sentimientos, algo que Jorge Enrique demuestra cuando escribe en "Mi agua es fuego" o "Por el agua que destella un astro es punzante la oración" en *Por el agua que destella un astro* o en versos como "cierro los labios y me escucho" en *Ave rumbo al color del parpadeo.*

The traditional mystic poet always went through various stages of purification that ended in union with God, a kind of spiritual marriage, with a higher entity. Elevated. Superior. However, today's poets enter the mystic sea through different dimensions, recharged by experiences, feelings, and discourse. This kind of poetry it is not easy to write and Jorge Enrique demonstrates that. Here, poetry is hard work, shaped by meditation, seclusion, the habit of solitude, silence, pain, and deep thought. The poet separates himself from daily life and, gazing into the cultural world of our times, elevates himself above topics that the rest of society has already retired. This is poetry of intense folds: The poet exposes the artifices and the futility of our reality, valuing instead the truly important things in life: the treasures of life, faith, love, and hope. In the time of the original mystics this was called "Spiritual Joy."

Saint John of the Cross spoke of mystic poets as solitary birds. A mystic is fire, always burning and regenerating himself. That is why it is impossible to measure the temperature of this concentrated emotion, an emotion not easily visible to the reader who has not entered into the essential element of fire. Goethe also spoke of the dialectic of feelings, as Jorge Enrique demonstrates when he writes "my water is fire" or "my water in which a star sparkles is the caustic prayer" in *By the Water in Which a Star Sparkles;* or in verses like "I close my lips and listen to myself" in *Bird Bound for the Color of the Flickering.*

Con la luz propia de poeta cubano, Jorge Enrique alcanza una llamativa mezcla de claridad y de misticismo inextricable desde su retórica presentacional. Este libro reexamina las virtudes del hijo, la isla, la casa abandonada, la Ciudad de La Habana, los poetas que ha conocido, los que ha leído, sus amigos, su familia y aquella mujer, la más maravillosa, llamada Nancy Esther, su madre, que ha perdido para siempre:

> Deseo recordar a la mujer
> tras las letras de mis días,
> tras los eclipses del pasado, (…)
> *(La mudez del alba)*

Los poemas de *Bajo la luz de mi sangre* buscan pintar inquietantes temas descubiertos en la memoria viva del poeta, permitiéndoles aflorar, como su vida en Cuba, la patria donde nació. Los textos llegan a ser así una búsqueda de la identidad o una autobiografía crónica interior de los eventos que van desde su nacimiento a su exilio. La poesía toma aquí la premisa de que el lenguaje es un medio para experimentar experiencias. Y experimentar es cruzar o pasar los bordes; o experimentar es ir más allá de donde se está, lo cual es decir que se va más allá de lo que uno fue (la preposición *peran* significa "más allá" en Griego):

> Nací en Cuba, una isla pretérita
> desde donde un niño asomó afortunado
> su derrota en la que muchos se exiliaron,
> idos en el tiempo. *(Venir al mundo)*

With his special Cuban light, Jorge Enrique achieves an arresting mixture of clarity and mysticism inextricable from its presentational rhetoric. This book recaptures elements like the virtues of the son, the island, the abandoned house, the city of La Habana, the poets he has met, the ones he has read, his friends, his family and the most wonderful woman he has ever known: his mother, Nancy Esther, whom he has lost forever:

> I'd like to recall the woman
> behind the letters of my days
> behind the eclipses of the past, (...)
> (*The Hush of Dawn*)

The poems in *Under the Light of my Blood* seek to paint unsettling issues discovered in living memory, allowing them to awaken, like the life of the poet in Cuba, where Jorge Enrique was born. The texts become a search for identity, or an interior autobiography chronicling events that occurred between the poet's birth and his exile. Poetry takes as its premise that language is a medium for experiencing experiences. And to experience is to go through something or cross the border; to experience is to go beyond where one is, which is to say to be beyond where one was (the preposition *peran* means beyond in Greek):

> I was born in Cuba, an island of the past
> from which a blessed child came forth
> its defeat from which many were exiled,
> left them lost in time. (*To Come to the World*)

> Te vas mi libertad,
> liberación de gritar
> lo que en realidad deseo ser,
> sin miedos del mutis, (…) (*Mi libertad anuda sus*
> *lujos en la brevedad*)

Estos poemas no son los típicos de un disidente. Ni los que se esperan de un poeta cubano que narra la añoranza por su tierra. No, porque Jorge Enrique escribe una densa y cautivante poesía que explica las complejidades del desarraigo, la nostalgia y la tristeza en relación a los temas universales de la muerte, el tiempo y la historia.

Su poesía nos revela que las nociones de identidad y "hogar" nunca son estables o estáticas, pero en cambio siempre están desarrollándose y transformándose. La búsqueda del "hogar" es una búsqueda que nunca se cierra, es un viaje que inevitablemente envuelve ambos— el pasado y el futuro. Quizás es el concepto del "lar" perpetuamente en movimiento al mismo tiempo que una condición síquica permanente. Jorge Enrique mira la historia como parte muy importante de su auto-afirmación. Y encarna con una conciencia lúcida las sombras, las complejidades y las aparentes contradicciones de su identidad.

Cuando un poeta moja sus pies en estas aguas, la poesía fluye como una corriente que rebasa todo incluyendo a sus lectores, exactamente como la experiencia mística de Blake que envuelve a todo el ser humano. Como ésta es una experiencia integral compromete los niveles mentales, emocionales, intelectuales y espirituales del poeta y éste divide su voz en dos, el yo y el tú (que nos

You go, my freedom,
liberation of crying out
what I truly wish to be,
without fear of silencing, (…) (*My Freedom Ties*
Together Its Luxuries in Brevity)

These are not the typical poems one might expect from a dissident. Nor are they merely narrative poems from a Cuban poet who misses his homeland. No, because Jorge Enrique writes a dense and arresting poetry, a poetry which explains the complexities of rootlessness, nostalgia, and sadness in relation to the universal subjects of death, time, and history.

This poetry reveals that notions of identity and "home" are never stable or static, but always evolving and transforming. The search for "home" is an unending quest without closure—a journey which inevitably involves both past and future. Perhaps instead it is "homing" that is ongoing, a perpetual psychic state. Jorge Enrique looks to history as a principal part of his selfhood. He embodies with a lucid conscience the shadows, the complexities, and the apparent contradictions of his identity.

When a poet puts his feet into these waters, poetry flows as a current that covers everything, including his readers, exactly like Blake's mystic experience that involved the entire human being. Since this is an integral experience that commits the mental, emotional, intellectual, and spiritual levels of the poet, he splits his voice into two: I, and you (which reminds us of Martin Buber's *I and Thou*).

recuerda el libro de Martín Buber con el mismo nombre). La conversación entre un yo y un tú implica un proceso relacional y también la forma más pura del lirismo expresivo es el sentimiento dramatizado como "soliloquio".

¿Qué le queda al poeta que se enfrenta a su desarraigo y soledad? Tal vez "la existencia orientada a escribir" nos dice Jorge Enrique en su poema *Escritos inéditos*. O tal vez asumir el conocimiento como una gracia o un regalo divino que rompe los límites personales o las fronteras de su vida, tratando de resucitar la esperanza. En especial aquella que soportó durante el período cubano de su vida donde encontró—y aquí cito textualmente una de nuestras conversaciones por correo electrónico—"la luz de la divinidad como amiga y aliada, representada por el decir poético" (4 de agosto, 2008).

La magia de estos poemas habla abundantemente y rellenará los silencios de este prólogo. Es un libro de seducción multivalente que merece, en efecto requerirá, muchos ensayos escritos por los eruditos. Sin lugar a dudas, el lector acabará arrobado por el lenguaje místico y humano de Jorge Enrique González Pacheco en una obra maestra, en el sentido clásico y contemporáneo, juntos:

> Te nombro a ti
> y aprovecho
> la necesidad
> de contribuir un poco
> a borrar
> la sangre

A conversation between an I and a You implies a relational process. The purest form of expressive lyric is one which feels dramatized, as in a "soliloquy."

What to expect of a poet who confronts his neglect and loneliness? Perhaps an "existence oriented to writing and listening to the memories," says Jorge Enrique in his poem *Unpublished Writings*. Or the assumption of knowledge as a grace that breaks the personal limits or the borders of our life while trying to resurrect hope; in particular the one he had to endure during the Cuban period of his life, where he found—and here I am quoting one of our conversations by e-mail, "the light of the divinity as a friend and ally, represented by the poetic discourse" to save him (August 4, 2008).

The magic of these poems speaks abundantly, and it will refill the silences of this prologue. This is a book so beguilingly multivalent that it deserves, indeed will require, many essays to be written about it by many scholars. There is no room for doubt: the reader will become enveloped in Jorge Enrique González Pacheco's humane and mystic language—a classic and a contemporary book, both:

> I write to you,
> and make use of
> the need
> to contribute a little
> to wiping away
> the blood

y la inquietud
del mundo
a morir envuelto
entre telas de araña
            descompuestas.

Escribo
hoy
y sigo hablando
de amores y esperanzas por las calles.

            (*Escritos inéditos*)

Eugenia Toledo, PhD
Seattle, WA, Estados Unidos

and the restlessness
of the World
to dying enveloped
in decomposed
     spider's webs.

I write
today
and go on speaking
of loves and hopes in the streets.
(Unpublished Writings)

Eugenia Toledo, PhD
Seattle, WA, United States

La sombra es la clave de su estética

La palabra es la tragedia del poeta. Toda el ansia de un minuto no le cabe en el lenguaje. Bautismal y nominativa la poesía crea su repertorio inalterable. Hasta que el poeta las nombra, las cosas son hospicianas y anónimas, y las palabras del mundo son cosas también del poeta. No le sirven para la emoción nueva. El poeta ha de crear su verbo, su palabra nueva. En la nuestra, en la que ha limado sus aristas rodando por el pedregal de la cotidianeidad, infundirá un sentido inédito y triunfal. Llegar a expresar lo alado, lo leve y lo sagrado, por medio de un instrumento tan rudo como el lenguaje humano, es la divina angustia del poeta. Palabras, palabras, palabras, exclamaba Hamlet mientras se servía de ellas para dramatizar su tortura. Para escapar de esta agonía la palabra ha tenido que seguirle al poeta por muchos vericuetos y comprendiendo que en ella está su tragedia y su gloria, el poeta le dio su propia voz y la adormeció de sus propias emociones, como el amado en la amada, fundido.

Juan Ramón Jiménez, tal vez el poeta español más puro de su época, con dos versos preciosos dio la voz inconfundible:

Oh, pasión de mi vida, poesía
desnuda, mía para siempre

The shadow is the key to his aesthetic

The word is the poet's tragedy. All of the anxiety of a minute cannot be contained in language. Poetry, baptismal and nominative, creates its unalterable repertoire. Until the poet gives them names, all things are homeless and anonymous, and the words of the world also belong to the poet. They are of no use in expressing new emotion. The poet must create his own terminology, his own new word. Our word, whose edges have been traced along the stony ground of everyday existence, will inspire an unprecedented sense of triumph. To succeed in expressing the lofty, the delicate and the sacred, by means of an instrument as rough as human language— this is the poet's divine anxiety. Words, words, words, exclaimed Hamlet, while using them to dramatize his torture. To escape from this agony, the word has had to follow the poet down many winding tracks; and, understanding that in the word is both his tragedy and his glory, the poet has given it his own voice and lulled it to sleep with his own emotions, like the lover in his beloved, merged into one.

With two beautiful lines, Juan Ramón Jiménez—perhaps the purest Spanish poet of his time—made the voice unmistakable:

Oh, passion of my life, poetry
stripped bare, mine forever

El poeta se ha abrazado a su tragedia, desnuda y mía, en su lucha por llegar a estas dos apetencias. Pero bajo este destino, ya la palabra, moldeada en esta horma, pierde para el poeta su condición monstrenca, y su inflexibilidad literal, se adhiere a un concepto nuevo, recién creado, y vieja de siglos nace a una luz distinta. De este modo el patetismo adquiere una recompensa de creación jubilosa. El poeta en nuestro tiempo está pues situado frente a la esfinge y no espera que le regale un enigma; le ofrece una palabra. Ha reivindicado su categoría egregia de creador. Todos los que de verdad se han sentido inmersos en esta gran preocupación contemporánea, viva en la mente, tácita en el poema y patente en la angustia, no han hecho ni hacen más que un intento de acercarse a aquel ideal.

Que la palabra sea
la cosa misma
creada por mi alma nuevamente

Estos versos, casi didácticos, convienen perfectamente a la poesía de Jorge Enrique, al cabo, mundo creado nuevamente por su alma, sus sombras. La creación en él es una sola y trina; unidad con que se hace patente la señal mediante la cual en su verso se sublima esa lucha con el verbo, de que se nutre el interior afán de toda su poesía. Su palabra poética, llena de gracia en la trémula expectación de su serenidad, nos llega cálida del milagro recental. El alma ha dado una vuelta completa alrededor de sí misma.

The poet has embraced his tragedy, stripped bare and made his own, in his struggle to fulfill these two desires. But by this fate, the word, shaped by this mold, now loses for the poet its unclaimed condition, and its literal inflexibility, and assumes a new idea, newly created. Centuries-old, the word is born in a different light. In this way, pathos is compensated by jubilant creation. The poet in our time stands before the Sphinx and does not wait for her to present him with an enigma—he offers her a word. His esteemed status as creator has been restored. All those who have felt truly immersed in this great contemporary preoccupation, alive in the mind, latent in the poem and present in anxiety, make no more than an attempt to approach that ideal.

May the word be
the same thing
newly created by my soul

These lines, almost didactic, apply perfectly to Jorge Enrique's poetry, which is ultimately a world newly created by his soul, his shadows. Creation in this world is one and almighty; a unity that makes evident the sign through which this struggle with the word is sublimated in his verse, which feeds the inner quest of all his poetry. His poetic word, full of grace in the tremulous expectation of its serenity, comes to us, still warm from the newborn miracle. The soul has come full circle around itself.

Ante todo advertimos en este poeta el hondo deseo y la honda conciencia de la expresión propia, es decir, la emoción. Su libro ofrece paradigmas bellos.

La sombra es la clave de su estética. Lo que al tema poético de la sombra le ofrece Jorge Enrique más que su sensibilidad afinada, es el modo ordenado de poner todo el tacto al misterio lírico; el gesto de ceñir, de querer dar forma al elemento que no tiene forma, y esto hace que la gracia suba fina y alta. Y el modo tomista, digámoslo así sin asomo de pedantería filosófica, consiste en traer al poema no sólo la materia caótica de la sombra, sino la forma que hace que aquella materia se haga sustancia, objeto claro.

Estas palabras que alguna vez escribiera Luis Cernuda a propósito de un poeta, me dan el entusiasmo para escribir de Jorge Enrique, porque al leer sus versos me acoge aquella radiante percepción que se abre paso, y aquel allá, entre las misteriosas sombras que lo cercaron siempre del otro que tuvo que huir. Decía Cernuda sobre Hölderlin:

Siempre extrañará a algunos la hermosa diversidad de la naturaleza y la horrible vulgaridad del hombre. Y siempre la naturaleza, a pesar de esto, parece reclamar la presencia de un ser hermoso y distinto entre sus perennes gracias inconscientes. De ahí la recóndita eternidad de los mitos paganos que de manera tan perfecta respondieron a ese tácito deseo de la tierra con sus símbolos religiosos, divinos, humanizados a un tiempo mismo. El amor, la poesía, la fuerza, la belleza, todos estos remotos impulsos que mueven al mundo, a

First and foremost we note in this poet a profound desire for and deep awareness of expression itself; that is, emotion. His book offers us beautiful paradigms.

The shadow is the key to his aesthetic. That which Jorge Enrique brings to the poetic theme of the shadow, apart from his finely tuned sensibility, is his ordered manner of investing all his intuition in the lyrical mystery; the act of clinging, of seeking to give form to the element that has no form, and this allows the high and fine grace of his work to rise to the surface. And his Thomistic manner—a term I employ without the slightest philosophical pedantry—consists in bringing to the poem not only the chaotic subject of the shadow, but also the form that gives that subject substance, that makes it a clear object.

The words below, written by Luis Cernuda to describe another poet, inspire me to write about Jorge Enrique, because in reading his poems I am filled with the radiant perception that grants access to that world beyond, amid the mysterious shadows that closed it off forever from the other realm from which it was forced to flee. Writing about Hölderlin, Cernuda said:

There are some who will always be surprised by the beautiful diversity of nature and the horrible vulgarity of man. And nature, in spite of this, always seems to demand the presence of a beautiful, different being among its perennial unconscious graces. Thus we have the remote eternity of the pagan myths that so perfectly responded to this tacit desire of the Earth with their symbols that were at the same time religious, divine and humanized. Love, poetry, strength, beauty, all remote

pesar de la inmensa fealdad que los hombres arrojan diariamente sobre ellos para deformarlos o destruirlos, no son simples palabras, son algo que aquella religión supo simbolizar externamente a través de criaturas ideales, cuyo recuerdo hoy puede estremecer la imaginación humana.

Creo que para Jorge Enrique, como fue para el propio Cernuda, el paisaje más importante es el humano. Vive con la expresión de un ser contradictorio que, por seguir refiriendo al español, se exalta por sentirse inhumano, se humilla por sentirse imposible. En este poemario se percibe a un poeta con tragedia que posee la originalidad de lo permanente, y con su tono se acerca cada vez más al silencio sin aliento que es el enmudecer de la palabra imprescindible de la poesía.

Siempre resultan embarazosas las indicaciones particulares dadas por un poeta o de un poeta con respecto a sus creaciones más cifradas. Jorge Enrique nos libera de este mal paso como lectores, pues como él comunica sus motivos privados y ocasionales, desplaza en el fondo aquello que ya ha logrado el equilibrio como estructura poética hacia el lado de lo privado y contingente que, desde luego, ahí no está.

impulses that move the world, in spite of the utter ugliness that men cast upon them every day so as to distort or destroy them, are not simple words, but something that the pagan religion was able to symbolize externally through ideal creatures, the memory of which today can make the human imagination shiver.

I believe that for Jorge Enrique, as for Cernuda, the most important landscape is the human landscape. He lives with the expression of a contradictory being that, again quoting Cernuda, is exalted for feeling inhuman, is humiliated for feeling impossible. In this collection we can perceive a poet with tragedy, who possesses the originality of the constant and who with his tone draws ever closer to the breathless silence that is the speechlessness of the indispensable word of poetry.

The specific comments made by a poet or about a poet regarding his or her most cryptic creations always prove embarrassing. Jorge Enrique frees us from this mistake as readers, for while he communicates his private and incidental motives, at a deeper level he pushes that which has already achieved balance as poetic structure towards the realm of the private and conditional which, of course, is not to be found there.

Uno se encuentra a menudo en un gran aprieto cuando se impone la tarea de interpretar poemas. Pero incluso aunque el lector se equivoque tomará conciencia una y otra vez de su propio fracaso mientras permanece en compañía de un poema, y cuando la comprensión se queda en lo incierto y aproximado, seguirá siendo siempre el poema que nos habla desde lo incierto y aproximado y no un individuo desde la intimidad de sus vivencias o sentimientos. Toda comprensión presupone una respuesta a la pregunta del yo y el tú en el poeta. Quien lee un poema lírico siempre comprende, en cierto sentido, quién es yo en ese caso. El yo de Jorge Enrique es claro, no porque su dificultad sea menor sino porque él es de esa escuela de poetas que son conscientes de que la poesía es siempre regreso al lenguaje, y eso le aporta la doble fuerza simbólica a su testimonio.

Esta es una poesía que aspira a la belleza, a la forma, a lo clásico, pero con ese duro golpe de vanguardia del que ya no podemos prescindir.

Elena Tamargo
Ciudad de México, México

One often finds oneself in a precarious position when attempting to interpret poems. But although readers may err in their interpretations, they will become aware again and again of their own failure while they remain in the company of a poem, and when their comprehension remains uncertain and approximate, it will always be the poem that speaks to us from the uncertain and the approximate and not an individual speaking from the intimacy of his experiences or feelings. All comprehension presupposes a response to the question of the "I" and the "you" in the poet. Whoever reads a lyric poem always understands, in a certain sense, who the "I" is in that particular instance. The "I" of Jorge Enrique is clear, not because he is less difficult to interpret, but because he is of that school of poets who are aware that poetry is always a return to language, and this invests his testimony with twice the symbolic force.

This is poetry that aspires to beauty, to form, to the classical, but with a strong dose of the avant-garde, which we can no longer do without.

Elena Tamargo
Mexico City, Mexico

INTRODUCCION

INTRODUCTION

La poesía como dilema:
Jorge Enrique González Pacheco,
en el ojo del huracán

La poesía como la vida es un extraño dilema; persuade en complicidad con el silencio, eterno maridaje que sólo la muerte descompone. Cuando la palabra inventa su reflejo en el iris del lector intruso, evoca o retiene interpretaciones infinitas: una misma obra pronto será abanico de un tiempo pretérito. Jorge Enrique, por su nombre, lo sabe muy bien. Es difícil, pero no imposible, ser objetivo ante una nueva entrega poética de un amigo tan querido, más aun si se comparte, a pesar de la distancia, el rigor por la belleza, en un tiempo de logros y desesperanzas: él, en su otro mar, abrazado a la intemperie, constante en su recorrido ascendente, va dejando una plegaria también por los vivos, porque su tragedia personal se me antoja lance o látigo en su travesía. Nos conocimos en La Habana (2000). Conectamos muy bien, hablamos de lo humano y lo divino; compartimos el magisterio de la poetisa Serafina Núñez, con quien exploramos la plenitud de su verso, vertical y alado, cual "diamante herido." Nos honró con su amistad, sin nada a cambio, y supimos que seríamos personas con un destino común. La poesía es nuestra mejor aliada, extraño dilema, como la vida.

Poetry as dilemma:
Jorge Enrique González Pacheco,
in the eye of the hurricane

Poetry, like life, is a curious dilemma; it persuades in complicity with silence, that eternal bond that only death can break. When the word invents its reflection in the iris of the intrusive reader, it evokes or retains infinite interpretations: a single work will soon come to stand for an entire era. Jorge Enrique knows this only too well.

It is difficult, but not impossible, to be objective about a new poetic offering by such a dear friend, even more so when you share, although from a distance, the same affinity for beauty in such hopeful and desperate times: he, in his other sea, embracing the storm, constant in his upward trajectory, offers a prayer for the living too, because it seems to me that his personal tragedy is a whip that spurs him on in his journey.

We met in Havana in 2000 and connected very well. We spoke of the human and the divine: we shared a reverence for the poet Serafina Núñez, exploring the richness of her verse, that "wounded diamond," winged and rising. She honored us with her friendship, taking nothing in return, and we knew that we would share a common destiny. Poetry is our best ally, a strange dilemma, like life itself.

No comparte Jorge Enrique modas orquestadas en cenáculos literarios; no se deja llevar por comportamientos interesados, su "yo" es contundente, no se refugia entre bambalinas, se erige en protagonista de su inmenso dolor por la ausencia de su madre (luz o materia literaria), la soledad que le golpea, la añoranza de una casa que tuvo visos de animosa parentela, ya rota o devastada por la muerte y evocada en clave de supervivencia; su patria es una isla de "alcobas trémulas," el hogar que fue (Habana), de la que un día huyó porque se ahogaba. Su poesía combina lo aprehendido en San Juan de la Cruz, Juan Ramón, Lorca, Cernuda, Blas de Otero, Eliseo Diego o Serafina Núñez. En ellos, y en otros autores clásicos o contemporáneos, se reconoce, se interroga, se doblega o se crece, siempre agradecido, con un lenguaje ceremonioso o épico que cercena lo más recóndito de su ser. Traza de manera recurrente una línea roja entre Dios y el hombre, entre la luz y la sombra; no aspira al podio de los héroes, solo clama en el desierto de las palabras la esencia de una caricia reveladora.

Tuve el honor de publicar su poemario *Notaciones del inocente* en mi colección "La Columna Quemada" (Moguer), humilde sello editorial alternativo sin ánimo de lucro, un tesorillo para deleite de los amantes de la poesía. Después vino el exilio, altibajos en su salud, el síndrome del apátrida, la necesidad de la lengua nativa, las ausencias y otros amigos nuevos, correos electrónicos frecuentes conteniendo confidencias y, también, planes para el futuro. Pues sí, su cuerpo trigueño ha resistido todo este tiempo los envites de la incomprensión y el júbilo. Él mejor que nadie lo sabe. González Pacheco

Jorge Enrique does not follow the fashions prescribed in literary circles; he doesn't allow himself to be driven by self-interest. His "I" is forceful, never hiding behind the scenes, assuming the protagonist's role in his immense pain over the absence of his mother (light or literary material), the solitude that burdens him, the longing for a house once brightened by a spirited clan, now broken or devastated by death and evoked for the purpose of survival; his homeland is an island of "trembling bedrooms," the home that was (Havana), from which he fled one day because he was drowning there. His poetry combines the influences of San Juan de la Cruz, Juan Ramón, Lorca, Cernuda, Blas de Otero, Eliseo Diego and Serafina Núñez. In them, and in other classic and contemporary authors, he sees himself, he questions himself, he bends or grows, always grateful, with a ceremonious or epic language that cuts to the very marrow of his being. He repeatedly traces a red line between God and Man, between light and shadow; he does not aspire to the heroes' pedestal, but cries out alone in the desert of words for the essence of a revealing caress.

I had the honor of publishing his cycle of poems *Notaciones del inocente* with "La Columna Quemada" (Moguer), a modest, alternative, non-profit publisher based in Moguer that is a treasure trove for poetry lovers. Then came exile, health troubles, the syndrome of statelessness, the need for his native tongue, absences and other new friends, frequent e-mails full of confidences and, also, plans for the future. And all this time his bronzed frame has held up against the jolts that incomprehension and jubilation can bring. Nobody

siente la poesía como una necesidad, un clavo ardiendo donde asirse, de lo contrario perecería en el anonimato o se autodestruiría, de ahí que desee compartir su sana inquietud con otra gente, ampliar la mirada a cada recodo de su geografía vital y no parar ante lo imponderable.

Llegó luego un paréntesis del que no supe ni del amigo ni del poeta hasta que resurgió, después de pasar por México, en la Florida. Supe con antelación de su voluntad de volar, de dejar atrás tanta precariedad, de gozar de una frágil libertad (su motivo, su esperanza), en otra tierra, aunque sin olvidar... En ese tiempo provisional trabajamos conjuntamente en la antología *Tierra de secreta transparencia* de Serafina Núñez que la editorial española Torremozas le dedicara, empeño suyo que finalmente hizo posible que "el ansia lírica" de la poetisa brillara con luz propia en la patria del premio Nobel Juan Ramón Jiménez, quien había sido su mentor y primer editor. Tras los primeros impulsos llegaron otros libros de versos cerrados o blancos que fueron celebrados por escritores de talla internacional y un público no menos devoto. Por fin, la mujer arcángel anda merodeando como un ruiseñor por los divanes del cielo, velando porque su isla encuentre un destino sin zozobras y las carencias que la tuvieron ninguneada.

knows this better than he does. González Pacheco feels poetry like a need, a burning blade that one must seize hold of to avoid an anonymous death or self-destruction, and thus he desires to share his healthy unrest with others, to broaden his gaze at every bend of his vital geography and not to stop at the incomprehensible.

He then reached a parenthesis in which I heard nothing of either the poet or the friend until he reappeared in Florida, after a time in Mexico. I had already heard of his desire to flee, to leave behind such a precarious existence, to enjoy a fragile freedom (his purpose, his hope) in another land, though without ever forgetting... During that transitional time we worked together on the collection *Tierra de secreta transparencia* by Serafina Núñez which the Spanish publishing house Torremozas would dedicate to her, an enterprise of hers which finally enabled her "anxious poetry" to shine its own light in the homeland of the Nobel Prize winner Juan Ramón Jiménez, who had been her mentor and first editor. After the first endeavors came other books of closed or blank verse that were lauded by internationally recognized writers and by a public no less devoted. At last, the female archangel soars like a nightingale through the heavens, watching over her island so that it may know a destiny free of the troubles and the shortages that had decimated it.

El poeta "mágico" e "hiriente," otrora en el ojo del huracán, ha reunido en su nuevo libro *Bajo la luz de mi sangre*, título definitivo y recurrente en su trayectoria, un rosario de poemas, algunos ya publicados en revistas de papel y virtuales de Hispanoamérica, que dedica en esta ocasión a su madre "mujer de rama, mujer suavísima, mujer difusa," como hiciera inicialmente con *Notaciones del inocente*. Es una entrega que desborda dolor y desamparo por doquier aunque deja entrever cierto halo de esperanza a pesar de las ausencias y los golpes: "Aún busco la luz." En su leve tiempo (¡qué preciso y hermoso suena la invitación!), se refugia en el rumor del verso, en la plegaria, en un Dios al que invoca y reconoce. Estos poemas de versos largos se nutren a sí mismos; filtran su estado de ánimo con la destreza posesiva del retratado. En su leve tiempo, condensa—como si de un memorando se tratara—la complicada y agreste sustancia que rezuma o transgrede el género humano.

El poeta no se oculta ante la adversidad, entonces provoca la erupción de las palabras secas cuando nos espeta a la cara: "Vida, sin fines no valgo." Aunque su hálito sea breve, aún le queda el deleite de la lluvia y la compensación de saberse útil a pesar del ruido.

Diego Ropero Regidor
Moguer, Andalucía, España

In his new book, *Under the Light of My Blood*, a definitive and recurring title in his career, the "magic" and "wounded" poet who has dwelt in the eye of the hurricane, has brought together a series of poems, some previously published in print and virtual magazines in Latin America, which he dedicates to his mother, "woman of branch, softest woman, diffused," as was his *Notaciones del inocente*. It is an offering in which pain and desolation emerge at every turn, though he affords us a certain glimmer of hope in spite of the losses and hardships: "I am still searching for the light." In the mildness of his time (how necessary and beautiful sounds the invitation!), he takes refuge in the whisper of verse, in prayer, in a God he recognizes and invokes. These long-lined poems feed on themselves; they filter their mood with the skill possessed by the one portrayed. In the mildness of his time, he condenses—as if it were a memorandum—the complex and coarse substance that flows or bursts from the human species.

The poet does not flee from adversity, but provokes the eruption of dry words when he shouts in our faces: "Life, without purpose I'm worth nothing." Though his breath may be short, he still has the delight in the rain and the compensation of knowing that he is of use despite the commotion.

Diego Ropero Regidor
Moguer, Andalusia, Spain

Donde quieras que estés
la llama arde derribando muros
en la oscuridad de la noche.

Diego Ropero-Regidor

Wherever you are
the flame burns, pulling down walls
in the darkness of the night.

Diego Ropero-Regidor

Para mamá, in memoriam

For my mother, in memoriam

Fiereza gris de carne anochecida
procura en tu cumbre lo divorciado
y un pájaro creciente a mi costado
deshoja su mirada enternecida.

Gray fierceness of nightfall flesh
seeks the separated in your summit
and a growing bird at my side
unfolds its tender gaze.

LA MUDEZ DEL ALBA

I

Deseo recordar a la mujer
     tras las letras de mis días,
     tras los eclipses del pasado,
porque de no hacerlo
quedará en mí ese dolor agreste que mutila.

II

No concibo callar
por el hosco sentir
que penetra hasta los huesos.

Entre su sangre y la mía no hubo distancias,
la quiero en ascendencia,
en su vientre de mañana
con el amor a cuestas,
desprendiendo los voraces ramos del aliento.

III

Se entorna todo ahora que sólo es penumbra,
cuando en los tejidos de la lluvia
le atropellan pausadamente
negras y desconsoladas efusiones.

No quiero más relámpagos que los suyos.
Desbordado estoy.

THE HUSH OF DAWN

I

I'd like to recall the woman
        behind the letters of my days
        behind the eclipses of the past,
because if I don't
this wild, mutilating pain in me will be left behind.

II

I cannot keep silent
for the dark feeling
That penetrates to the bones.

Between her blood and mine there were no distances,
I love her in ancestry,
in her womb of tomorrow
with a burdensome love,
shedding the voracious branches of breath.

III

Everything is half-closed now that it is only twilight,
when in the weaves of rain
it is slowly violated
by black, desolate effusions.

I want no lightning but hers.
I am overwhelmed.

IV

Hizo descansar mis agonías
y arropó en mis gérmenes
las puertas del asiento.
Estoy acumulado en su sombra,
en los letargos
del tú y el yo.

V

Nacerá en mí
    su semilla.

Ya no será muerte,
    ni sombra,
será alba,
trae rocío
sobre mi manso e incipiente cuerpo.

IV

She let my agony rest
and clothed in my seeds
the doors of the foundation.
I am gathered in her shadows,
in the lethargy
of you and me.

V

Within me
　　her seed will grow.

It will cease to be death,
　　and shadow.
It will be dawn,
it brings dew
to my docile growing body.

EXISTES SEMBRADA EN MI MEMORIA

No existes, tu manzana turbaron,
ella adolece y solicita el fichero de mi cumpleaños.

Veedor, no rompas lo herido,
este perfume crece en aromas del invierno.

Por playas silentes esculpo su penacho.
Voz abierta pronuncia su nombre:¿Cristal, Naufragio?

Pródigo tomaré penas,
las quebraré quietas detrás de nuestra pávida hiel.

Algo lejano obsequia sus palabras
en habitación donde reina perenne niebla.

Corre la espiral del verano.
Nadie le saluda; canta ahora para otros hijos.

Fugo su resurrección, lo hago sujeto a su huella.
Mujer de rama. Mujer suavísima, difusa.

Existe sembrada tu memoria.
Paloma que lates en mi amanecer sin alba.

YOU LIVE ROOTED IN MY MEMORY

You do not exist, your apple they confused,
it suffers and requests my birthday file.

Observer, do not break the wound,
this perfume grows in the fragrances of winter.

On silent beaches I carve out her plume.
An open voice pronounces your name: Crystal, Shipwreck?

I will lavishly take on sorrow,
I will break it quietly behind our shy bitterness.

Her words offer something remote
in a room ruled by perennial fog.

The summer spiral is running.
Nobody greets her; she sings now for other children.

I flee from her resurrection, I subject it to her legacy.
Woman of branch. Softest woman, diffused.

Your memory is somewhere rooted.
A dove that throbs in my dawnless morning.

AUSENCIA SOY YO QUE PERMANECE

Aún sigo aquellos labios,
en el acto triste y oscuro de un teatro.

Aún sigo aquellos ojos,
marcan la violenta ventisca de la espera.

Aún sigo el aullar de las fieras,
bajan a mis ríos para tomar el néctar rojo
      de mi cuerpo putrefacto.

Aún sigo ojos,
      labios
de aquella mujer, quebró su mundo rígido.

Aún busco luz.

ABSENCE, IT IS I WHO REMAIN

I'm still following those lips,
in the sad, dark act of a theater.

I'm still following those eyes,
they mark the violent winds of the waiting.

I'm still following the beasts' howls,
they come down to my rivers to drink the red nectar
        of my decomposed body.

I'm still following the eyes,
        the lips
of that woman who broke her own rigid world.

I am still searching for the light.

SECRETO

¿Hacia qué mar emigras?

¿Hacia qué lugar del Universo vas:
sirena gris, azul, verde?

¿Hacia cuál soledad transitas?

¿Hacia cuál paraíso marchan las luminarias
que te robaron?

SECRET

Towards which sea are you traveling?

Towards which part of the Universe:
grey mermaid, blue, green?

Towards which solitude do you journey?

Towards which paradise march the sacred lights
they stole from you?

DEL PESEBRE, MADRE

Extraña fosforescencia de antes,
una lágrima precipita tu traje
y calcina las orgías.

Remota, prístina.
¡Oh, mujer, no existes en las ramas del sol!
Inerme danzas, casi mundana,
irrumpes maderos de perros en mis sienes
para pasearme por tu destierro agreste.

Sílaba que reina lo materno
sobre mi hombro definitivo y blando,
va a librar infinita
un extravío lejano.

Obsequia mi pupila al secreto
como columnas frágiles detrás del valle;
palpita al elevarse;
diferente tan escaso modo.

Estremecida de azúcar y sal
lo perecedero quiebra ante mí:
remotos minutos, leve carne.

Frente al instante, tierra inmutable,
precisas tu vagar al caminar
sobre la luz sin memoria del pesebre madre.

OF THE MANGER, MOTHER

Strange phosphorescence of old,
a tear precipitates your dress
and burns orgies.

Remote, pristine.
Oh woman, you don't exist on the branches of the sun!
Defenseless dances, almost pagan,
you burst turmoil in my brains
to drive me through your wild exile.

A syllable that rules things maternal
on my definite, soft shoulder,
will liberate forever
a distant loss.

Bestow my pupil upon the secret
like fragile columns behind the valley,
it palpitates as it rises;
different such a scarce manner.

Shuddering from sugar and salt
the perishable breaks before me:
far-off minutes, light flesh.

Facing the instant, immutable land,
you determine your wandering as you go
over the light with no memory of the mother manger.

Te pido Señor le puebles la figura
en tu Universo de planeta creciente,
porque mi madre, cautiva transparente,
cargó sin quejidos tu pena más pura.

Lord, please inhabit her figure
in your Universe of growing planets,
for my mother, transparent captive,
bore the burden of your purest pain in silence.

En tu leve tiempo mío

In the mildness of your time and mine

HABANA

¿Podrás detener mis suspiros de soledad
si anidas el ansia en este mar frágil?
Tu calle reposa la ternura, envejece,
ascuas del viento la arropan
y nombran en lo recóndito
al fuego anclado en tus colores.

Habana,
lúcida eres, sombra que retorna jardín
en infinito desvelo
para abrigar el alba.
Palpitas única,
única todas las razones,
marcan el paso, frescor,
acuarela tus ventanales.
Giraldilla, pregón, misterio,
voz casta en quietas premuras.
Consagro tu vitral,
lo palpo capiteles barrocos,
polvorientos, destejidos.
Deseo conversar:
juego, iris, amor,
gentes, bullicios, autos;
escritos sobre los sabores.
Extasía un rumor,
tu arboleda danza desnudo acierto:
parque, nube, verano, Dios.
Ámbito hiere la clave,
letanía concurre a las músicas
cuando estrellas anidan tu cántico huraño.

HABANA

Could you contain my sighs of solitude
by harboring the anxiety in this fragile sea?
On your streets lies the tenderness, aging,
incandescent wind shelters and recalls
them in the distance
the flame anchored in your colors.

Habana,
Lucid, shadowed reminiscent garden
in an infinite insomnia
harnessing the dawn.
Throbbing uniquely,
uniquely understanding,
following the beat, freshness,
watercolor eyes of the city.
Giraldilla, proclamation, mystery,
chaste voice in a calm urge.
I consecrate your vitreaux,
sensing your baroque capitals,
Dusty, unraveled.
I'd like to talk:
Game, rainbow, love,
People, noise, cars;
Essays on flavors.
A captivated rumor,
your arbor dances a naked certainty:
A park, a cloud, summer, God.
The boundary hurts the clef,
the litany resorts to music,
when the stars nurse your elusive chant.

Lejos... sangre llama tus pasiones,
languidece, nadie la edifica
allí en morada ausente de tu sol y tu luna.
Vienen a mí los esquineros,
municipios contiguos, alcobas trémulas.
Busco ahora en ti amiga ciudad,
aquel hogar, La Catedral,
niñez, carne de cemento,
madre tras un beso al adiós:
sostiene mis venerados pretéritos.

Far… blood calls for your passion,
Languishing, nobody edifies it,
in the absent dwelling of your sun, your moon.
The corner dwellers come to my mind,
the adjacent towns, trembling bedrooms.
I seek within you, dear city,
that home, The Cathedral,
that childhood, concrete flesh,
mother's kiss fading goodbye:
upholds my venerated memories.

SIMULACION DEL AGUA

Para Mónica Hook

AGUA, pides secretos,
secretos de dioses
en intensas esperas.

AGUA, das tiempos,
celos, ciudades muertas;
me pierden en sus blancuras inermes.

AGUA, existes y no sabes nada,
en la noche suspiras, AGUA,
sola en barca inundada, sola ahí, AGUA.

SIMULATION OF WATER

For Monica Hook

WATER, you ask for secrets,
secrets of gods
intensely waiting.

WATER, you give time,
jealousy, dead cities;
they lose me in their tender whiteness.

WATER, you exist and know nothing,
at night you sigh, WATER,
alone in a flooded boat, alone there, WATER.

AMBITO

quiero ser tú, tu sangre, esa lava rugiente.

Vicente Aleixandre

¿Y cómo asentarás tan errante el giro de mis ojos,
quieren romper desnudos
la fértil voz de tus miembros?

¿Y cómo amarás lo que es mío,
presa mi golondrina tras tu extremo
concibe silenciar otoño el viento perenne del augurio?

¿Y cómo darme más aquí en mi dolor
tú tocas lo legendario,
límite ardiente, violáceo?

¿Y cómo irradiar mi quietud sin lastimar,
si tu piel ebria caerá ante mi sol,
peregrino anida el olvido?

SPHERE

I want to be you, your blood, that roaring lava.

Vicente Aleixandre

And how will you hold down the wandering of my eyes,
that want to break, naked,
the fertile voice of your limbs?

And how will you love what is mine,
my swallow prey to your extreme,
can the fall conceive of silencing the omen's perennial wind?

And how to give me more here in my pain
do you touch the legendary,
limit, burning purple?

And how to radiate my stillness without hurting,
if your drunken skin will fall before my sun,
a pilgrim nesting in oblivion?

RESURRECCION INFINITA

Empolvar
la soledad
con amigos.

INFINITE RESURRECTION

To blanket
solitude
with friends.

AL OTRO LADO DEL ESTREPITO

Para Sandra Henricks, un Peter Pan

Nace herida tu palabra,
sábado cualquiera, cuartillas-reflejos.

Deseas patria que contarme
y fue necesario un vacío
para nunca saber cuál yo inauguró tu catedral,
en trigos extraños,
al otro lado del estrépito.

ON THE OTHER SIDE OF THE FANFARE

For Sandra Henricks, a Peter Pan

Your word is born wounded,
any Saturday, reflections-pages.

You want a homeland to tell me about
and a void was necessary
to never know which of my selves opened your cathedral,
in strange grains,
on the other side of the fanfare.

DEJA MI SER POR CADA ESQUINA

Para Vivian Goldbloom y Ana María García

En la distancia que bulle te espera mi voz en desamparo,
se va tras tu sombra, mi ser dejó por cada esquina.

Te busco sin conocer palabras del gris que fustiga
al verme ya todo en tu sonrisa.

Decir adiós no fue lo más urgente,
sino buscar en la nada,
ella condensa mi ardor,
lo viste horizonte bravo y colorea la indiferencia
porque la luz resplandece al jardín, ahí,
un fuego cultiva de ti mi existencia: Poesía.

LEAVE MY BEING ON EVERY CORNER

For Vivian Goldbloom and Ana María García

In the teeming distance my voice awaits you helplessly,
it follows your shadow, my being left on every corner.

I look for you not knowing words of the gray that lashes
on seeing me now whole in your smile.

To say good-bye was not the most urgent,
but to search inside the void,
it condenses my passion,
you saw it, fierce horizon coloring the indifference
because the light blazes over the garden, there,
a fire fans my existence in you: Poetry.

AUNQUE EL SILENCIO...

Clamaré.

Aunque el silencio de mis calles
sangren las paredes
y tu vientre moldee la aventura de los olivos.

Aunque ese tú deje hablar al quebranto
y mares desnuden nuestras ganas
en brasas de soles nocturnos.

Aunque mi canto apetezca niebla
presa en su esqueleto
y del vitral nazcan silvestres cabalgaduras.

Clamaré.

Aunque mi ira dibuje la gracia adulta de tus vidas.

THOUGH THE SILENCE...

I will cry out.

Though the silence of my streets
bleed the walls
and your belly shape the adventure of the olive grove.

Though grief leave you speechless
and seas strip off our desire
in embers of nocturnal suns.

Though my song crave fog
imprisoned in its skeleton
and from the stained-glass window wild horse rides be born.

I will cry out.

Though my rage trace the mature grace of your lives.

EXTASIS

Haz a mi nombre canturrear por el viento,
es perfecto escuchar gemir mi lumbre.
Reparte lodo inerme.

Tú, hecho grito oquedad de acero,
pleamar en ristre, ¿En nombre de ausencias
planeas liberar las lunas remotas?

No proclames tus huellas.

La soledad huele
y presagios de malos entonces
cimbran mi piedra inaccesible.

Tu mañana mi único destino,
azul repleto de azules lejísimos,
cornetines tocan allá nuestro albedrío
porque otro hombre sin camino lo pide.

Te haré dibujar mis recuerdos,
todos han de valer tus borrascas,
derraman sobre aquella quietud
que retorna al escarbar mis silencios.

ECSTASY

Make my name sing softly in the wind,
it is perfect to hear the moaning of my fire.
Spread your tender dust.

You, hollow steel made scream,
rising tide. In the name of absences
will you liberate the distant moons?

Don't proclaim your legacy.

Solitude reeks
and evil omens then
shake my inaccessible rock.

Your tomorrow my only destiny,
blue replete with far-off blues,
where coronets play the song of our free will
because another wayward man calls the tune.

I will make you draw my memories,
they are all surely worthy of your storms,
they spill over that stillness
that returns on digging out my silences.

DESDE LA DISTANCIA

Tanta segura campanada lenta
despierta el duro centro de las cosas

Eliseo Diego

Para Angélica María Salvador y Esteban Insausti

En el pretérito han vivido la voz, sangre de antaño,
palabras tras caminos inmóviles, azules sin tiempo.
Más tarde traen sus flores, nostalgia anónima;
símbolo donde mi carne recuesta la prisa al escuchar
melodías en cuyos amigos descansé cierto desvelo.

Les reconozco desde la distancia,
dibuja voces inocentes.

Ustedes misericordes alisan ante mi angustia lo áspero,
llagas nacidas del polvo, él golpea lento mis lágrimas,
adultas al morir Esther.

Su balcón ve los amaneceres,
debo continuar en ellos;
designios, alientos de esplendor
mientras busco la huida final: destierro.

Nieblas residen y desean alegrar el sonido cantor de
salmos, laberintos de recuerdos al sur
de mis huesos abismales.

Contra derrumbes campanadas claman
aquel desposeído nombre mío.

FROM A DISTANCE

So sure the bell's slow toll
the hard center of things awakes

Eliseo Diego

For Angélica María Salvador and Esteban Insausti

In times past lived the voice, blood of yesteryear,
words behind immobile roads, timeless blues.
Later they bring their flowers, anonymous nostalgia;
symbol in which my flesh lays down its haste hearing
melodies in these friends I put sleeplessness to rest.

I recognize them from a distance,
it draws innocent voices.

You misericordes soothe the roughness of my anguish,
sores born of dust, it beats slowly at my tears,
mature by the time that Esther died.

Her balcony looks out on the dawns,
those in which I must go on;
designs, breaths of splendor
while I seek the final escape: exile.

Clouds dwell and yearn to enliven the singing sound of
psalms, labyrinths of memories to the south
of my wretched bones.

Against the toll of crumbling bells that clamor
that dispossessed name of mine.

MI LIBERTAD ANUDA
SUS LUJOS EN LA BREVEDAD

Ahí estás, mi libertad,
tras un paño de papel que en lo breve anuda sus lujos.

Nunca entre mis manos estuviste
y ahora en luna oscura te escondes,
fría en su inapreciable lado.

Te vas mi libertad,
liberación de gritar
lo que en realidad deseo ser,
sin miedos del mutis,
en su hojarasca de pavor.

¿Por qué no estás?
Yo quepo en tu patriarcal instante.

¿Por qué?
Aún las palabras de tus huellas no las conozco.

MY FREEDOM TIES TOGETHER
ITS LUXURIES IN BREVITY

There you are, my freedom,
behind a paper cloth that swiftly ties together its luxuries.

You were never between my hands
and now you hide in a dark moon,
cold on its unseen side.

You go, my freedom,
liberation of crying out
what I truly wish to be,
without fear of the silencing,
in its fallen leaves of dread.

Why are you not here?
I fit within your patriarchal moment.

Why?
Still the words of your legacy are unknown to me.

VIENTO A DESTIEMPO

Notas sus horas,
te pretenden insoportablemente bello.
Arden en despertares, callan sus confesiones.
Violentos tus ojos revuelcan en el aletear
bajo íntimos cielos a pocos días de un iscariote beso.

Piénsate herido, víctima de tu propia sangre,
ella escapa y en su procesión posa lo furtivo,
escrito en ausencias a destiempo,
y en el viento se reconoce todavía pequeña.

Pero buscarás un amanecer,
le llevarás tu andar pulcro,
mío ante quien me pretendió
luego de verter sus ríos sobre esta sinfonía,
inmenso adiós en nuestro secreto.

WIND OUT OF TIME

You note his hours,
they court you with their unbearable beauty.
They burn in waking moments, they silence their confessions.
Violent your eyes roll in the fluttering
under intimate skies a few days from a Judas kiss.

Imagine yourself wounded, victim of your own blood,
it escapes and in its procession poses the furtive,
written in absences out of time,
and in the wind it sees itself still small.

But you will seek out a dawn,
it will lead you on your immaculate walk,
mine in the presence of the one who courted me
after spilling rivers over this symphony,
immense farewell in our secret.

POR INVENCION venimos contra toda lección,
nos pretende espiar
y perdió su tiempo de luz en la esperanza.

Por invención somos el habla,
despierta en tormentos,
figura puñales, mutismos y agravios
hacia oraciones prohibidas en las músicas
de todas las razones;
ganan umbrío huésped, se esconde en el exilio.

Por invención, nosotros, poetas mágicos e hirientes
mostramos el temblor impenetrable,
máscaras pedazo a pedazo,
traspuestas en aquel castigo febril e incontenible,
aguijones vivos sin pudor ni cansancio.

BY INVENTION we come up against every lesson,
it tries to spy on us
and lost its time of light in hope.

By invention we are the word,
waking in storms,
shaping daggers, silences and insults
towards prayers forbidden in the musics
of all reasons;
they win a shadowy guest, hiding in exile.

By invention, we, poets magical and hurtful
reveal the impenetrable shivering,
masks piece by piece,
slumbering in that feverish and irrepressible punishment,
living stings with neither shame nor weariness.

ALEGRIA

Tu sonrisa
me extrajo
del triste retrato.

JOY

Your smile
I extract myself
from the sad portrait.

EN TU LEVE TIEMPO MIO

Vida, en mi piel emigran
tus horas de sonrisas.
¿Sólo lo cruel sabes, nada más?
Entregas mi terso al cabalgar en mares lejanas.

Ahora amanece sobre mí tu angustia.
Por caminos al valle siembra la quejumbre,
          viene a merecer lo estático.

¿Cómo haces, teniendo aquí lo que no existe?

¡Ah! Tus leves ojos, planetas nazarenos.
Andantes narran lo errático;
semilla incolora, mereció el silencio del sol.

Vida, sin fines no valgo,
¡ay de mí por iluso!,
sin quererlo mi legado está en tu mano.

IN THE MILDNESS OF YOUR TIME AND MINE

Life, in my skin your hours
of smiles emigrate.
Do you know only cruelty, nothing more?
You surrender my softness riding on far-off seas.

Now your anguish dawns over me.
On roads to the valley the plaint is sown,
            becomes worthy of that which is static.

How do you do it, having here what does not exist?

Ah! Your gentle eyes, Nazarene planets.
Their movements narrate the erratic;
colorless seed, worthy of the silence of the sun.

Life, without purpose I'm worth nothing,
ah me and my naivety!
against my will my legacy is in your hand.

AMANECER

A un amigo, portador del VIH

1

Siento que algo cruza,
clava sus uñas en mi luna.
Siento el olor del hastío en mi cuerpo,
es el grito, celda del amanecer.

2

Yo soy más,
aquél fantasma en el día canónico -su ira-.
Yo soy más,
aquella ruina vulnerable a mi sangre,
egoísmo que va a las arenas del modismo.

3

Voy en lluvia,
sólo desea verme frente a la pared ayer cruzada.
Voy sin nadie,
-amor incomprendido-.

4

Ahora, nace la luz en mi ser
y su tierra de encantos
da palabra infinita.

DAWN

To a friend with HIV

1

I sense something crossing,
digging its nails into my moon.
I sense the odor of weariness in my body,
it is the cry, cell of the dawn.

2

I am more,
that ghost on the canonic day -its rage-.
I am more,
that ruin vulnerable to my blood,
selfishness that goes to the sands of the idiom.

3

I go in rain,
it only desires to see me against the wall crossed yesterday.
I go with no one,
-love misunderstood-.

4

Now, the light is born in my being
and its land of charms
of infinite word.

AÑOS

Juventud
vagas en oleajes de la lluvia
y pretendes sortilegios de fuego.

Juventud
habitas en las sienes de ese astro
y su rostro dibuja tu pasatiempo.

YEARS

Youth
you wander in the swells of the rain
and play at sorcery with fire.

Youth
you inhabit the temples of that star
and its face traces your pastime.

ULTIMAS DEL PECADO

"mientras me contempla tu frescor de puente,"

Él, me consume lentamente los ojos
en la plenitud única.
Él, tiempo de la brisa,
galope de torres,
heladas, siempre heladas.
Pasa y quieto le resta importancia a mi vida,
sola en su presencia.
Violeta azufre dentro de negrura en su paz maestra.
¿Y su copa de ruidos?
¿Hacia dónde labró la dinastía...
 altiplano, ajena huerta?
No encuentra la arteria,
nubla lo inmenso,
paraliza centavo a centavo el plumaje nada suyo,
vuelo imposible, inmóvil en el abismo;
vértigo hace de mí su conquista.
Tal parecemos lo escrito con letra errada en su sementero.
Laberinto, humo estricto, ciudad decrépita.
Ni hombre ni taciturno ni cadáver. Lecho pardo arriba,
abajo incesto,
lleno de gentíos abominables,
señalan mi virtud sangrante.

Salta, salta el pensamiento,
        desolló y viene de allí; allá tantos no aceptaron
                nuestro nombre turbio.
Raído harapo casi nulo.

LAST BREATHS OF THE SIN

"while the freshness of your encounter contemplates me,"

He, slowly consumes my eyes
in the singular fullness.
He, time of the breeze,
gallop of towers,
frozen, always frozen.
He passes and quietly wrests importance from my life,
alone in his presence.
Violet sulfur within the blackness in his master peace.
And his cup of commotion?
In which direction did he carve out the dynasty...
high plain, stranger's orchard?
He does not find the highway,
he clouds over the immensity,
paralyzing penny by penny the plumage that is not his,
impossible flight, immobile in the abyss;
vertigo makes me his conquest.
Thus we resemble the misspelled writing on his sowing bag.
Labyrinth, rigid smoke, decrepit city.
Neither man nor gloom nor corpse. Brownish bed above,
below incest,
full of abominable crowds,
they signal my bleeding virtue.

It jumps, the thought jumps,
  flayed it comes from over there; there so many refused
               our turbid name.
Worn out rag almost useless.

Las sábanas pierden sus huellas, quedo yo, pleno,
nuevo ante el paraíso hecho de huracanes,
él, consumió mis pestañas y quedó atrapado.

The sheets lose their marks, I remain, full,
new before the paradise made of hurricanes,
he, consumed my eyelashes and was trapped.

MUJER QUE ES TARDE

Para Ana Gómez

Mujer que es tarde
deja los pasos a la lluvia, entrega mi imagen al viento.

Mujer
vive la premura de mi corcel.

Mujer
te regodeas luz en el eco perdido.

Mujer
asaltarás mi dibujo.

Mujer, tarde viajas en la cuenca del jardín,
árbol de mis aventuras.

WOMAN WHO IS EVENING

For Ana Gómez

Woman who is evening
leave the steps to the rain, deliver my image to the wind.

Woman
live the haste of my steed.

Woman
you charm light in the lost echo.

Woman
you will strike at my drawing.

Woman, you travel late in the basin of the garden,
tree of my adventures.

SIN MAS TENERME

Tú, marchito entre mis manos de nadie,
   hacia la antigua llama del islote verde
   vagas en el pedestal de la inocencia.

Tú, sentencias a mi quimera
   en el agreste sentir,
   sin más adiós, sin más tenerme.

Tú, escondes tras la roca de mi espejo
   esa impronta del ayer, quema su penumbra,
   juega dentro con melodía de la suerte.

JUST TO HAVE ME

You, withered between my hands of no one,
    towards the ancient flame of the green islet
    you wander on the pedestal of innocence.

You, sentence my illusion
    in the rugged sensation,
    just a good-bye, just to have me.

You, hide behind the rock of my mirror
    that imprint of yesterday, its half-light burning,
    playing inside with fate's melody.

POR EL AGUA QUE DESTELLA UN ASTRO

Por el agua que destella un astro es punzante la oración de mis ojos y relucientes manzanas ofrecen su amargor a los cardos del hambre que saborea tu tarde.

Cascada te vuelves al continuar yo triste. Papel dentado tras la serpiente cruje vientos que ladran su horror desde el espejo, todo sobre mi sed marchita. Brillan distancias aquí, ahí, en lo oscuro enciendes las palomas y esferas rozan la cicatriz del holocausto.

El azar del cuerpo circunda entre nieves azules.

No lo invento, me ha bebido tu flor... alegre flor sobre páramos ausentes de sueños inmóviles en la flecha ciega, marmórea además al naufragar mi espanto.

Tú me tenías más allá de la suerte, dormida en ríos, en ámbitos dilatados, en sepulcros brillantes como brasas, como labios: me clavan sin pena su cruz de lodo, tenue se yergue y de la voz estatuas nacen, detenidas también al precipitar los abismos en el rincón ocultamente insomne donde el hervor detuvo mis silencios.

¿Cuál calzada de la ciudad quiebra estos signos, estos antes, estas uñas, estas estacas; temidos desde el vuelo sin luz que me nombra—oculta luz en la gracia de tus desafíos? La ciudad húmeda entonces me ha de recibir. Caminaré sus años viejos en mi trauma, a lo mejor gloriosos en tu distraído oro. Figura de oro que la ciudad revela.

BY THE WATER IN WHICH A STAR SPARKLES

By the water in which a star sparkles is the caustic prayer of my eyes and the gleaming apples offer their bitterness to the thistles of the hunger that savors your evening.

You become a cascade while I remain sad. Jagged paper behind the serpent rustles winds that howl their horror from the mirror, all over my withered thirst. Distances shine here, there, in the darkness you ignite the doves and spheres chafe the scar of the holocaust.

The randomness of the body circles amid blue snows.

I do not invent this, your flower has drunk me... joyful flower over deserted highlands of immobile dreams in the blind arrow, marmoreal besides while my fright is shipwrecked.

You had me in a place beyond fate, sleeping in rivers, in dilated realms, in sepulchers that shone bright like embers, like lips: they hammer me shamelessly with their cross of mud, rising faintly and from the voice statues are born, halted too as they rushed to the abysses in the secretly sleepless corner where the fervor stopped my silences.

Which city road breaks them first, these fingernails, these stakes, these signs; feared since the lightless flight that speaks my name—hidden light in the grace of your challenges? The damp city then must welcome me. I will walk its old years in my trauma, perhaps glorious in your distracted gold. Figure of gold that the city reveals.

Di, mi agua es fuego, retumba mirándonos lanzar nuestro silbido, así el otoño suspira en su fuga mientras tus venas recorren mi carne. Pero, serás aquél, y yo quien detenga tus párpados, no sólo muerden con saetas que estrellas izan, sino que cúspides crean su ancho disfraz. Evoca después en mis ojos al liberar tu canto.

Say, my water is fire, it resounds watching us let out our whistles, thus the autumn breathes as it takes flight while your veins envelope my flesh. But, you shall be the one, and I who hold back your eyelids, not only do they bite with arrows launched by stars, but summits create their loose-fitting disguise. It is evoked later in my eyes as you release your song.

ALGUIEN VIVE LA AUSENCIA que un día dejo.
Criatura expuesta al polvo.
Tú comprendes la sonrisa
que amó mi silencio.

SOMEONE LIVES THE ABSENCE that I leave one day.
Creature exposed to the dust.
You understand the smile
that loved my silence.

AZUL Y NEGRO

¿Cuántos pasos de niños apuntalan mi existencia?

¿Cuántos hombres sin nombre
rompen los colores a mis nubes
en las luces que adormecen los volcanes?

¿Cuántos lloran en mí?

¿Cuántos giran el mutismo de la Tierra,
sordos géiseres del invierno?

¿Cuántos reposan en su carne la Paz:
bendita fortaleza?

BLUE AND BLACK

How many children's steps prop up my existence?

How many nameless men
break the colors of my clouds
in the lights that lull the volcanoes to sleep?

How many cry in me?

How many spin the silence of the Earth,
deaf geysers of the winter?

How many let Peace rest in their flesh:
blessed strength?

POEMA XIII

Para el escultor Ricardo Amaya

Tocaré en tu puerta al amanecer de la nueva altura
y no callarán palabras transparencias de mi deshora.

¿Cuál playa rondas al levantar,
perfecto, puro, tu somnolente lejano?

Frente al fuego. Señor del invento,
arpa en el corazón dormido.

Pertinaz te fugas en sonrisas,
cantar de palomas.

Regalo nuestro: árbol, flor que esclareces,
ruegas bondad socavada.

Invierte los sentidos a mi gloria.
Resbálame tu silencio; retorna.

POEM XIII

For the sculptor Ricardo Amaya

I will knock on your door at the dawning of the new heights
and words will not be silent, transparencies of my off-hour.

On what beach do you walk when you rise,
perfect, pure, your distant drowsiness?

Facing the fire. Lord of invention,
harp in the sleeping heart.

Unyielding, you escape in smiles,
to sing of doves.

Our gift: tree, flower that you cast light upon,
you beg for kindness undermined.

Devote the senses to my glory.
Slip your silence from me; return.

SIMULACION

Desgarras,
insolente vacío.

Desgarras,
blanco hastío.

SIMULATION

You rip,
insolent void.

You rip,
white weariness.

RUEGO

Desde mi piel de hombre, tristemente, te llamo,

Miguel Luesma Castán

Señor,
mi dolor detén
porque un navegar huérfano recortó
a mi tierra del mapa alegre.

Tú, esperanza, asfixia los enloquecidos aullares.

Sé que existes, sé que posees.

¿Cuándo volverás al hábitat de mis horas?

Hoy devoran expresiones y un ave remonta
        verbos sin caricias.

Padre, mi dolor detén.
Mi dolor ofrece estas manos
en consagración baldía.

MY PLEA

From my man's skin, sadly, I call you,

Miguel Luesma Castán

Lord,
end my pain
because a sailing orphan cut out
my land from the joyful map.

You, hope, suffocate the insane howls.

I know you exist, I know you possess.

When will you return to inhabit my hours?

Today expressions devour and a bird soars
                words without caresses.

Father, end my pain.
My pain offers these hands
in futile consecration.

PALABRAS SECAS

Detrás del claroscuro te regocijas,
náufrago vidrio—latir que caracolas persigues.

Detrás del instante sin presencia
desvaneces la vida, crucifica en tus palabras secas.

DRY WORDS

Behind the chiaroscuro you amuse yourself,
glass shipwreck—pulse that pursues dreams.

Behind the moment without presence
you dispel life, it crucifies in your dry words.

TESTAMENTO A ELISEO DIEGO

Te dejo mi fuego de caricias lentas
y en su acantilado murmura la espera.

Te dejo el resistir de mis aguas,
el cansancio de sus nieblas,
el ahuyentar perenne de esas rosas.

Te dejo mi hálito humilde;
semilla hambrienta.

Te dejo mi campo blanco, su paz perfecta,
dibuja e ilumina
dentro del horizonte yerto.

Te dejo la muralla ilusa, coquetea su lluvia
en mi jardín efímero, secreto.

Te dejo al Arcángel Miguel,
suavísimo arroja a mis gotas,
sus salmos verdes.

Te dejo mi hogar, marchito me nombra
como resplandor en mitad de los días.

Eliseo, te dejo algo de todo,
poco significa ante tus brisas mágicas
pero acéptalo así, tú mi página, mi ciprés furtivo.

TESTAMENT TO ELISEO DIEGO

I leave you my fire of slow caresses
and on its precipice murmurs the waiting.

I leave you the resistance of my waters,
the weariness of its fogs,
the perpetual fragility of those roses.

I leave you my humble breath;
hungry seed.

I leave you my white field, its perfect peace,
draws and illuminates
inside the rigid horizon.

I leave you the naive city wall, its rain flirting
in my ephemeral, secret garden.

I leave you the Archangel Michael,
so gently casting at my drops,
his green psalms.

I leave you my home, withered it names me
like bright blazing in the middle of the days.

Eliseo, I leave you something of everything,
it means little compared to your magic breezes
but accept it as it is, you, my page, my furtive cypress.

VISITACION BREVE

Tu clamor zigzaguea,
acuna mi ancestro de pájaros y dunas.

BRIEF VISITATION

Your clamor zigzags,
cradles my ancestor of birds and dunes.

PAISAJE DE VUELTA

Quien soporta mis defectos es mi amo aunque sea mi criado.

Goethe

Burlo de aquí
aquellos felices pájaros,
aquellos partos de la historia,
aquellos accesibles centelleos,
aquella mezcla robusta,
aquella corneta glorificante,
aquella mordacidad insepulta,
aquel destino donde abrigué al mortal,
aquel triunfante albedrío,
aquel trigo nuestro que tú generoso iluminas.

RETURNING LANDSCAPE

Whoever bears my defects is my master even if he be
 my servant.

Goethe

I slip out of here
those felicitous birds,
those births of history,
those accessible flashes,
that robust mixture,
that glorifying trumpet,
that unburied sharpness,
that fate in which I cloaked the mortal,
that triumphant free will,
that grain of ours that you generously illuminate.

SOLEDAD

Yo nací para ti, soledad de lo alto

Federico García Lorca

No, tu soledad esconde
al duende de todas las honduras,
paciente me recorre (antaño en su gris)
y queda tu palidez en mi verano.

SOLITUDE

I was born for you, solitude on high

Federico García Lorca

No, your solitude hides
the dwarf of all the depths,
patient it runs over me (yesteryear in its gray)
and your pallor remains in my summer.

AL FULGOR DE CANTOS Y MAS NADA

Te buscaría entre mantos de luz que invitan
al paso matinal ya sin horas
en el arca tras mis días.

Un ser feliz esculpe de estrellas tu ruta,
por siempre grana de unos tiempos precisos,
al fulgor de cantos y más nada.

¿No sabes? Soy presencia en sabiduría de aguas,
humedad que reclama las frondas,
allí, él calla y nos habita.

TO THE EFFULGENCE OF SONG AND THEN NOTHINGNESS

I would look for you among cloaks of light that invite
the morning passage now hourless
in the arc beyond my days.

Out of stars a happy being sculpts your route,
forever it grows from a few precise times,
to the effulgence of song and then nothingness.

Don't you know? I am presence in the wisdom of waters,
moisture that claims the foliage,
there, it silences and inhabits us.

AVE RUMBO AL COLOR DEL PARPADEO

Me siento caminar sobre ti, te atravieso
y espasmos cantan.
Huelen igual que palabras hambrientas.

Cierro los labios y me escucho
apenas niño con sus juguetes expuestos,
remontan el largo tiempo del olvido,
y suspicaz animo de paciencia la desdicha;
me arranca cada parte, desnuda mi voz,
la hace sombra de mis deseos,
abre en mi ayer ventanas reservadas al infinito
de azules por donde escapan los inviernos.

Transparente detengo al aire,
hace flotar mis venas, descansan tu nombre.

Te resistes, me empeño,
soy un ave rumbo al color del feliz parpadeo.

BIRD BOUND FOR THE COLOR OF THE FLICKERING

I feel myself walk over you, I cross you
and spasms sing.
They smell like hungry words.

I close my lips and listen to myself
barely a child with his toys all laid out,
they overcome the long oblivion,
and suspicious I enliven misfortune with patience;
every part tears at me, strips my voice,
makes a shadow of my desires,
opens in my yesterday windows reserved for the infinity
of blues through which the winters escape.

Transparent I stop the air,
it makes my veins float, they put your name to rest.

You resist, I do not yield,
I am a bird bound for the color of the happy flickering.

MAR,
sobre las rocas mis nombres
siembran el vuelo matinal, nos esparce
al clamor de los dioses del recuerdo.

Sobre mí va tu salino viento.
¡Oh,
ala de la burla!
¡Oh,
soledad vienes al ayer en días del náufrago!

Es cierto el momento,
tus olas llaman infinitas gotas
y las adolescencias cruzan luces al desatarme,
todas, viven mientras urgente
nos unen a tu abrazo en palabras de la lluvia.

SEA,
over the rocks my names
sow the morning flight, it scatters us
to the clamor of the gods of memory.

Over me passes your salty wind.
Oh,
wing of mocking!
Oh,
solitude, you come to the past in days of shipwreck!

The moment is certain,
your waves call to infinite drops
and adolescences cross lights as they untie me,
every single one, living while urgently
they join us to your embrace in words of rain.

CRIATURA DEL AGUA

> Dichoso aquél que transgrede los límites
> y conoce tu cuerpo que no perdona.

Steven F. White

1

Mi piel repitió tus siglas después de todos los silencios.

2

Heredad en la nada hecha verbo que reposa
por los enigmas del alud,
expuesto en tu arrulladora espuma,
tardía entre tantas prisas ocultas en los vitrales,
perfectos y precisos: van inhóspitos,
violentos en nuestra tragedia
de sales invisibles que despierta sus espantos.

3

Esta piel repitió tu arte,
me necesita, pues tu ausencia no es lo yaciente,
es caricia, porfía y nos prefiere simulados
en el campaneo del te amo,
ahí nuestras sangres unen sus latitudes,
servidas cada noche, plácidamente.

CREATURE OF THE WATER

> Blessed is he who transgresses the limits
> and knows your body that does not forgive.

Steven F. White

1

My skin repeated your initials after all the silences.

2

Property in the void made word that rests
by the enigmas of the landslide,
exposed in your hypnotic foam,
late among so much hidden haste in the vitreaux,
perfect and precise: they go unwelcoming,
violent in our tragedy
of invisible salts that awaken their terrors.

3

This skin repeated your art,
it needs me, as your absence is not what lies at rest,
it is caress, persistence and it prefers us to pretend
in the chiming of the I-love-you,
there our blood unites its latitudes,
poured out every night, placidly.

4

Yo, criatura del agua,
imprevisible Cernuda diciendo
"Como si hubiera alguien, más fuerte que nosotros
Que tuviera en memoria nuestro olvido" de glorias,
de conjuros, de laberintos en la nieve tuya;
precipita bajo mi carne tu ingenua piel,
abierta en mi lecho.

4

I, creature of the water,
unpredictable Cernuda saying
"As if there were someone, stronger than we
Who had in his memory our neglect" of glories,
of spells, of labyrinths in your snow;
casting under my flesh your ingenuous skin,
open on my bed.

Hubo un tiempo,
tiempo de la invención y la torpeza,
en el que la soledad era un
esplendoroso y pavoroso exilio,

Ana Rossetti

There was a time,
time of invention and blunder,
in which solitude was a
splendorous and terrifying exile,

Ana Rossetti

SIN TITULO 1

"Sé que fui tiernamente odiado."

Tormentas golpean tus huesos.
Precisas de ti,
profana tus conventos,
blanquea sabiamente la sed
porque tú eres el único que atisbas las sales de tu vida.

¿Cuándo atraparás lo tuyo?
Dale a tus poros la adolescencia.
Entrégale tu letra,
la reclama su laberinto.

Renunciar es asunto del ido,
conságrate el susurro,
alacrana una soledad pálida.

Álzate sobre tus muros,
y verás en la sombra otro hombre
preso de su destino, amante de labio,
él ató su dolor a ti: lepra de su lepra.

Entrega todo,
no bastan tus cítaras,
ajenas confunden, devuelven miedos,
gozan en otras luces.

Apóyate en mí, de rechazarlo
los fulgores cegarán la fuente
y desnudo nadarás hacia la otra orilla.

UNTITLED 1

"I know that I was lovingly hated."

Storms beat at your bones.
You need yourself,
it desecrates your convents,
it wisely whitens the thirst
for you are the only one who can discern the salts of your life.

When will you trap yours?
Give to your pores adolescence.
Offer up your words to it,
your labyrinth demands it.

Surrender is for the gone,
consecrate your whisper,
scorpion a pale solitude.

Raise yourself over your walls,
and you will see in the shadow another man
prey to his destiny, lover of the mouth,
he tied his pain to you: leprosy of his leprosy.

Offer up everything,
your zithers are not enough,
their strangeness confuses, giving back fears,
delighting in other lights.

Lean on me; if you refuse
the flames will blind the fountain
and naked you will swim towards the other shore.

Ven, por favor,
házme un gran ensueño
hasta verlo crecer después de las pausas
en lo más íntimo del abrazo no huidizo.

Come, please,
make me a great dream
until you see it grow after the pauses
in the most intimate of the in elusive embrace.

VENIR AL MUNDO

Nací en Cuba, una isla pretérita
desde donde un niño asomó afortunado
su derrota en la que muchos se exiliaron,
      idos en el tiempo.

País dolorosamente alegre.
Cierto día mostró sus huesos idílicos, mustios;
allí mi madre prendó su soledad
y mi padre juguete de mármol
              (sin sabor ni olor)
entregó al huraño todas las blasfemias de sus nefastos
                    recuerdos.

Nací en la antilla de silencios, de huellas y vitrales,
entre su equívoco decadente
-Nunca miró los días
          de mi extenso soliloquio-.

TO COME TO THE WORLD

I was born in Cuba, an island of the past
from which a blessed child came forth
its defeat from which many were exiled,
            gone in time.

Painfully joyful country.
One day revealed its idyllic bones, withered;
here my mother seized her solitude
and my father a marble toy
                (flavorless and colorless)
delivered to the hermit all the blasphemies of his harmful
                        memories.

I was born in the island of silences, of legacy and vitreaux
between your decaying misunderstanding
-Never saw the days
            of my vast soliloquy-.

VAHO NEGRO

> Y vi en la mano derecha del que estaba sentado
> sobre el trono un libro escrito
> de adentro y de afuera, sellado con siete sellos.
>
> **Apocalipsis 5:01**

¿Qué siete ojos anidan
en el mar, cultivo de ciudades?

¿Qué siete ojos
pliegan de vaho negro la mañana?

¿Qué siete ojos
narran lo insípido
si continúo inmóvil
ante el silencio?

¿Qué siete ojos incensarios
asoman lo atroz,
en púlpitos
de mi JERUSALEN desierto?

BLACK STEAM

I saw in the right hand of him that sat
on the throne a book written
within and on the backside, sealed with seven seals.

Revelation 5:01

What seven eyes nest
in the sea, a crop of cities?

What seven eyes
draw out the morning from black steam?

What seven eyes
tell of the dullness
if I remain immobile
before the silence?

What seven incense bearing eyes
reveal the atrocity
in pulpits
of my deserted JERUSALEM?

DESPERTAR DE ROSAS

I

¿Y desearás tú en mis ruidos jugar y amar los laberintos?
¿Consagran tu ilusión al ir y venir tras las puertas
al sentirte río de alud marina?

II

¿Y tú, mi despertar de rosas
me amará sin parpadear desde la luz?
¿Ella nos siembra tramos álgidos?
¿Conmigo calla los indispensables vacíos del tiempo?

III

¿Prefieres esta inocencia?
¿Atraviesas las palmas de mis manos?
Las manos libres,
amatorias en tu boca nunca en sombra, sí en sol.

IV

Líbrame tú de mis cantos imposibles,
puéblame cada poro, no te detengas en pedir mis íntimos
recintos, serán ellos los salvadores crepúsculos
 de la eternidad.

AWAKENING OF ROSES

I

And will you desire in my stirring to play and love the labyrinths?
Do they consecrate your hope when you come and go
behind the doors feeling like a river sliding to the sea?

II

And you, my awakening of roses
will she love me without the light's flickering?
Does she sow in us algid rows?
Does she silence with me the indispensable gaps of time?

III

Do you prefer this innocence?
Do you cross the palms of my hands?
The free hands,
loving in your mouth never in shadow, but in sun.

IV

Release me from my impossible songs,
inhabit my every pore, do not stop at demanding my
intimate recesses, they shall be the twilight saviors
of eternity.

Los días, antes de ti me agonizaban,
yo fui preso de brazos sedientos y perpetuos,
               claman mi sed.
Ahora en ti encontré un sendero porque mi cuerpo es tuyo,
susurra al fundirme en círculo a tus huellas.

V

Por favor, házme descansar en tu reposo, no lo detengas,
cópiale en mi ser, adjúntale mis ramas ponientes
quieren extender tus ojos hacia los míos,
entonces ambos hemos de escribir sobre el paisaje
la voz que eyacula al vernos liberados.

The days, before you, left me in agony,
I was prey to thirsty, perpetual arms,
             clamoring for my thirst.
Now in you I have found a path because my body is yours,
it whispers as I melt in a circle around your footprints.

V

Please, make me rest in your repose, do not stop it,
copy it into my being, enclose it in my westerly branches
they want to stretch your eyes towards mine,
so we both must write over the landscape
the voice that ejaculates on seeing us freed.

ESCRITOS INEDITOS

> Enséñame a escribir la verdad
> pintor de la verdad.

Blas de Otero

Te escribo a ti
y aprovecho
el juego sutil
de la inocencia.

Escribo...
casi vencido
por el agotamiento,
empero
sin miedo
  sigo
hablando.

Oriento la existencia de escribir
        a escuchar
los recuerdos.

Te escribo a ti,
y aprovecho
la necesidad
de contribuir un poco
a borrar
la sangre

UNPUBLISHED WRITINGS

> Teach me to write the truth
> painter of truth.

Blas de Otero

I write to you
and make use of
the subtle game
of innocence.

I write...
almost vanquished
by exhaustion,
nevertheless
fearless
   I go on
speaking.

I direct the existence of writing
         towards listening
to the memories.

I write to you,
and make use of
the need
to contribute a little
to wiping away
the blood

y la inquietud
del Mundo
a morir envuelto
entre telas de araña
        descompuestas.

Escribo
hoy
y sigo
hablando
de amores y esperanzas por las calles.

and the restlessness
 of the World
to dying enveloped
in decomposed
       spider's webs.

I write
today
and go on
speaking
of loves and hopes in the streets.

CONFESION EN SIETE TIEMPOS

busca en mi mar suicidio, pide olvido.

Emilio Ballagas

Busca en mi mar olvido
ocres de la angustia;
agua clava espinas,
rinde voz a su furente carne.

Busca en mi mar olvido,
tú, dedo prisionero en la atmósfera,
cuerno de niño, matiz del nuncio,
esencia en el aullar raído.

Busca en mi mar olvido
la flor de pávido, claman sus reinos,
pétalos incoherentes, difusos.

Busca en mi mar olvido,
cristal de la espiga,
ángel, visitación, paisaje de mujer con frío.

Busca en mi mar olvido
el trapo de lascivia,
la muerte lo escupe en sus entrañas.

Busca en mi mar olvido
un rostro,
inunda al placer estéril.

CONFESSION IN SEVEN MOVEMENTS

go in search of suicide in my sea, ask for oblivion.

Emilio Ballagas

Go in search of oblivion in my sea
ochers of anguish;
water hammers at thorns,
gives voice to its furious flesh.

Oblivion searches in my sea,
you, finger imprisoned in the atmosphere,
child's horn, nuance of the nuncio,
essence in the worn-out howling.

Go in search of oblivion in my sea
the timid flower, its kingdoms clamor,
petals incoherent, diffuse.

Go in search of oblivion in my sea,
crystal of the spike,
angel, visitation, cold woman's landscape.

Go in search of oblivion in my sea
the rag of lasciviousness,
death spits it up in its entrails.

Go in search of oblivion in my sea
a face,
flooding the sterile pleasure.

Busca en mi mar,
yo, llanto sin casa,
bestia, lodo sagrado… vacío.

I, homeless lamentation,
Search in my sea,
beast, sacred mud... empty.

GARABATOS EN EL PARQUE

Gestos, voces,
quietos en la misma banca de ayer.

Tu imagen escrita sobre la llama,
chispa de otra certeza:
dinástica hora del alabastro último.

Acoge tu enorme fulgurencia,
nostálgicos pórticos,
embelesos augurios,
pupilas sosegadas en racimos.

Habitas, sólo yo presiento tu mensaje.
Buscamos el delirio,
la vieja página leyó la constante al estar vivos.

Sonríes en el apremio.
Conversas de la fiesta, expulsas el futuro,
trago severo, perpetuo.

Algo nos consume,
no hay pasos,
las estaciones recorren tus latidos.

Callo,
el viento lleva los follajes,
mientras nos contempla tu frescor de puente
en la existencia nunca mía,
pared ansiosa de la memoria,
nos une sobre la banca del parque, ruda, inalterable.

SCRIBBLINGS IN THE PARK

Gestures, voices,
calm on the same bench as yesterday.

Your image written on the flame,
a spark of another certainty:
dynastic hour of newest alabaster.

Takes in your enormous brilliance,
nostalgic porticos,
captivating omens,
still pupils in clusters.

You inhabit, I only sense your message.
We search the delirium,
the old page read the constancy by being alive.

You smile in the rush.
You speak of the party, you expel the future,
severe, perpetual mouthful.

Something consumes us,
there are no steps,
the stations traverse your heartbeat.

I say nothing,
the wind carries the foliage,
while the freshness of your encounter contemplates me
in the existence never mine,
anxious wall of memory,
unites us on the park bench, cruel, immutable.

SIN TITULO 2

¡Oh amor! ¡Oh noche que humedece y penetra!

Serafina Núñez

Si gritara ¿la noche oirá
y sus aspas de agua sembrarán
el dolor de verme solo por las horas?

¿Mi voz de sus vientos alzaría
ese peregrinar azul hacia donde nadie sabe,
yo, descalzo cada instante?

Si llamara ¿cuál puerta nocturna abrirá
entre amaneceres desolados
el sinsabor pétreo de mi psiquis?

UNTITLED 2

Oh love! Oh night that moistens and penetrates!

Serafina Núñez

If I cried out, would the night hear
and would its blades of water sow
the pain on seeing me alone through the hours?

Would my voice in its winds lift up
that blue pilgrimage to a place no one knows,
I, barefoot every moment?

If I called, which nocturnal door would open
among desolate dawns
the stony displeasure of my psyche?

HOGAR PERDIDO

Marchó mi casa al empezar las horas,
y colma de luces la tarde
en horas del placer adolescente.

No me llevó al viaje
y bullicios quedaron hecho fuego
en paredes de los tiempos.

¿Legarás lágrimas a mis bondades,
mientras desde un orificio
abierto en la nada me sonreirá?

¿Mis limpiezas estarán unidas a su estupor
y 7 cornetas irrumpirán el toque de remotos recuerdos?

¿Quién le acariciará?
Casa en el ayer de la ciudad sin ayer;
mañana-ayer que reverberó añoranzas,
sin proponerlo esculpieron de mí su soledad
al duende obediente de tantas angustias:
coléricas, hambrientas sobre alegrías levemente exhaustas.

Gana en su viaje y aviva lo imperecedero
todavía antes de nacer el silencio.
Pero mi aire soslayó recibirla,
deseó tejer todo a una exhalación:
es el miedo que niega palabras vagas,
sin sentido. Palabras en olas fugitivas.

LOST HOME

My house left when the hours began,
and the evening fills with lights
in hours of adolescent pleasure.

It did not take me on the journey
and chaos made fire was left behind
in walls of the seasons.

Will you bequeath tears to my kindnesses,
while from an orifice
opened in the void it smiles at me?

Will my cleansing be joined to its amazement
and will 7 horns erupt in the tune of remote memories?

Who will caress it?
House in the past of the city with no past;
the tomorrow-yesterday that echoed nostalgias,
without asking they sculpted their solitude out of me
in the obedient dwarf of so many anxieties:
choleric, hungry for delicately exhausting joys.

It does well in its journey and revives the everlasting
even before the silence is born.
But my breath would not receive it,
it sought to weave all to an exhalation:
it is fear that denies vague words,
with no meaning. Words in fugitive waves.

Nunca antes la casa vio tantas murallas
y con temor borró mi mano.
Fue infiel, dudó mi abrazo,
vacío en la suerte suya.

¿Cuándo aparecerá mi casa?

Never before had the house seen so many city walls
and fearful, it erased my hand.
It was unfaithful, it doubted my embrace,
empty in its fate.

When will my house appear?

ME MULTIPLICO EN LEVES Y SOLITARIOS TIEMPOS

Yo aquí, nada en el ventoral
también infinito en la cúspide
del otoño que corroe mis horas
y me entrega a ti, efímero.

Ambos ahí siempre:
tiempos en aquella altura,
nos invita y penetra derrames
abiertos al rubor, al juego.

En cambio creo ser lo recurrente
ante espejos que te visten de mí
al convertir perenne nuestra imagen.

Sola regresa del lívido,
fugaz murmura, no obstante,
te multiplico en leves y solitarios verbos.

I MULTIPLY IN LIGHT AND SOLITARY TIMES

I'm here, nothing in the ventoral
infinite too at the peak
of the autumn that corrodes my hours
and delivers me to you, ephemeral.

Both always there:
seasons at that height,
invites us and penetrates spills
open to blushing, to the game.

Instead I believe I am the recurring
in front of mirrors that dress you in me
when our image becomes perennial.

Alone it returns from the lividness,
fleeting murmur, nevertheless,
I multiply you in light and solitary verbs.

BAJO LA LUZ DE MI SANGRE

En alas de mi garganta
te ciñes al clavel
y no sé de amores ni cariños.

Tramo a tramo pido el latir,
tu latir en las esencias de un relámpago,
él juega a flotar mis cantos.

Quiero rescatar la inocencia,
espacio tras tu espacio: balcón,
lluvia,
universo.

Vuelves aire,
existes en las hojas del silencio.
¡Gota, transporta mis querencias en tu espejo ciego!

Pronta esculpes el Mundo entre mis manos,
veloz lo llevas a las cumbres
de tus sucesivas existencias.

Quiero negarme a tus ojos,
ante los buscaré en mi realidad,
en mi jardín claroscuro.

Me ves partir, me acompaña el humo inútil, dolido.
¿Cómo terminará mi viaje,
si en la humedad gravitas tú intensamente?

UNDER THE LIGHT OF MY BLOOD

On my throat's wings
you cling to the carnation
and I know nothing of loves or caresses.

Row by row I ask the beating,
your beating in the essences of a flash of lightning
that plays when my songs float away.

I want to rescue the innocence,
space beyond your space: balcony,
              rain,
              universe.

You turn into air,
exist in the leaves of silence.
Raindrop, transport my homesickness in your blind mirror!

Soon you sculpt the World between my hands,
swiftly you carry it to the summits
of your successive existences.

I want to refuse your eyes,
first I will search for them in my reality,
              in my chiaroscuro garden.

You see me leave, accompanied by the useless, aching
smoke.
How will my journey end,
if in the humidity you preside so intensely?

Lo divino atrapó el gemir,
2 de abril de un manantial seco en mi agua.

¿Vendrás madre a entregar mi gravedad a la duda?
¿Palparé tus vuelos que no veo?
Libérame de todo lo confuso, pintora de mil sonidos,
lúcidos en tu paleta omnipotente.

No soy igual a los demás,
debo continuar con tu mariposa a cuesta,
quizás única en tu órgano de paciencia,
debo continuar mirándote tejer la desnudez angelical
de tu lodo en tactos invisibles.

Esther, ya siempre bajo la luz de mi sangre.
¿Abrazarás al verso que sutil suplica?
¿Custodia su destino el tuétano
        de nuestro soliloquio en la brisa?

The divine trapped the moaning,
April 2nd of a dry spring in my water.

Will you come mother to deliver my gravity to doubt?
Will I feel your flights that I do not see?
Release me from all confusion, painter of a thousand sounds,
all of them lucid on your omnipotent palette.

I am not like the others,
I must go on with your butterfly on my back,
perhaps unique in your organ of patience,
I must go on watching you weave the angelic nakedness
of your mud in invisible touches.

Esther, now always under the light of my blood.
Will you embrace the verse you subtly implore?
Does the marrow of our soliloquy
        in the breeze watch over your fate?

NOTAS DEL AUTOR / AUTHOR NOTES:

LA MUDEZ DEL ALBA / THE HUSH OF DAWN

Primera Versión en **ALALUZ**, Primavera 1995. Revista de Poesía, Narración y Ensayo Department of Spanish and Portuguese, University of California, Riverside. Estados Unidos

First version published in **ALALUZ**, Spring 1995. Poetry, Narrative and Essay Magazine. Department of Spanish and Portuguese, University of California, Riverside, USA.

ESCRITOS INEDITOS / UNPUBLISHED WRITINGS

Primera versión en **ALALUZ**, Otoño 1991. Revista de Poesía, Narración y Ensayo. Department of Spanish and Portuguese, University of California, Riverside. Estados Unidos

First version published in **ALALUZ**, Fall 1991. Magazine of poetry, narrative and essays. Department of Spanish and Portuguese, University of California, Riverside, USA.

BIOBIBLIOGRAFIA DE LOS AUTORES /
BIOBIBLIOGRAPHIES OF THE AUTHORS

Born in the District of Marianao, Havana, Cuba on September 9, 1969, Jorge Enrique González Pacheco is a Cuban poet and writer. He moved to the United States in 2003, and since 2006 has been living in Seattle, where he cultivates his dearest passion: writing. Author of the following books and anthologies: **Poesía Ilustrada** (New York, 1992 USA); **Antología de la Décima Cósmica de La Habana** (México D.F, 2003 Mexico); **Notaciones del inocente** (Moguer, 2003 Spain); **Tierra de Secreta Transparencia** (Madrid, 2004 Spain)—an anthology of poems by the Cuban poet Serafina Núñez—he wrote half of the prologue and did the selection of the poems. Jorge Enrique studied philosophy and Hispanic literature in Cuba and Spain. He has received The Delia Carrera Poetry Prize, a national prize, awarded in Cuba, 1996. For several years, he worked for ICAIC, the renowned Cuban Film Institute in Havana. Since 1991 he has been publishing poetry, journalism, and prose in magazines, anthologies, newspapers, and online publications in Cuba, Mexico, Puerto Rico, Chile, Argentina, Spain, France, Brazil, and the United States. His poetry and journalism have been translated into French, Portuguese, and English.

Eugenia Toledo nació en Temuco, Chile. Ha publicado los libros: **Arquitectura de Ausencias** (Ed. Torremozas, Madrid, 2006), **Tiempo de metales y volcanes** (Edit. 400 Elefantes, Managua, 2007) y **Fray Luis de León: La poesía de la cárcel** (Ed. Cíclope, Santiago de Chile, 1986). Tiene un Doctorado en Literatura Española Siglo de Oro y un Master en Literatura Latinoamericana de la Universidad de Washington, Seattle, USA (1981). Ella es miembro de la AILCFH (Asociación Internacional de Literatura y Cultura Femenina Hispánica) en Estados Unidos.

Eugenia Toledo was born in Temuco, Chile. She has published the books: **Arquitectura de Ausencias** (Ed. Torremozas, Madrid, 2006), **Tiempo de metales y volcanes** (Ed. 400 Elefantes, Managua, 2007) and **Fray Luis de León: La poesía de la cárcel** (Ed. Cíclope, Santiago de Chile, 1986). She has a PhD in Spanish Literature and an MA in Latino-American Literature from the University of Washington, Seattle, USA (1981). She is a member of AILCFH (International Association of Hispanic Women's Literature and Culture) in the United States.

Elena Tamargo nació en La Habana, Cuba. Poeta, traductora de alemán, ensayista y académica cubano-mexicana. Estudió Germanística y Filología en la Universidad de La Habana. Doctorada en Letras Comparadas por la Universidad Lomonosov, Moscú, Rusia, y en Letras Modernas por la Universidad Iberoamericana, México. Ha recibido dos premios nacionales de poesía en Cuba, otorgados en 1984 y 1987. Su obra incluye varios poemarios, ensayos y traducciones, y ha sido antologada en Cuba e Hispanoamérica.

Elena Tamargo was born in Havana, Cuba. She is a Cuban-Mexican poet, German translator, essayist, and academic. She studied German Literature and Philology at the University of Havana and received her doctorate in Comparative Literature from Lomonosov University, Moscow, Russia, and in Modern Letters from Iberoamerican University, Mexico. She has received two national poetry prizes in Cuba, awarded in 1984 and 1987. Her work includes various collections, essays, and translations. She has appeared in anthologies in Cuba and Latin America.

Diego Ropero Regidor. Poeta español de la generación de los ochenta. Nació en Moguer (Andalucía) en 1955. Licenciado en Historia de América por la Universidad de Sevilla. Ha publicado varios libros de poesía: **Canto a Perseo, Dioses, Bethesda, Vieja herida el río, Historias de la emoción**. **Antología**, 1977–1999, **Anoche me visitó la luna** (edición bilingüe en español-inglés), **La realidad velada de la lluvia, Restos del naufragio** y, últimamente, **El bosque devastado**. Ha realizado las ediciones de dos importantes poetas cubanos: **Poesía reunida**, de Miguel Teurbe Tolón (1820–1857) y **Tierra de secreta transparencia**, de Serafina Núñez (1913–2006). Ha publicado además el drama breve **La caja de los truenos** y numerosos trabajos históricos en revistas y en forma de monografía. Es director del Archivo Histórico Municipal y Biblioteca Iberoamericana, en Moguer (Huelva). Dirige las colecciones "Biblioteca Nueva Urium" de investigación y "La Columna Quemada" de poesía.

Diego Ropero Regidor. Spanish poet of the so-called Eighties Generation. He was born in Moguer (Andalusia) in 1955, and received a degree in the History of the Americas from the University of Seville. He has published several books of poetry: **Canto a Perseo, Dioses, Bethesda, Vieja herida el río, Historias de la emoción**: **Antología, 1977–1999, Anoche me visitó la luna** (a bilingual Spanish-English edition), **La realidad velada de la lluvia, Restos del naufragio** and, most recently, **El bosque devastado**. He has edited the collections of two important Cuban poets: **Poesía reunida**, by Miguel Teurbe Tolón (1820–1857) and **Tierra de secreta transparencia**, by Serafina Núñez (1913–2006). He has also published the short play **La caja de los truenos** and numerous historical essays in journals as well as academic papers. He is the director of the Municipal Historical Archives and Ibero-American Library in Moguer (Huelva). He edits the research collection "Biblioteca Nueva Urium" and the poetry collection "La Columna Quemada."

GRACIAS A:
THANKS TO:

los poetas, académicos y profesores: Elena Tamargo, Eugenia Toledo, Diego Ropero, Diana Luna, Steven F. White, Tomás Oliva, Carlos Tanne y David B. Preston; también para los amigos David Neagle (Art Collector), Gary Goldbloom, Lou Kings, Barbara González y Alejandro Ríos...

the poets, academicians and teachers: Elena Tamargo, Eugenia Toledo, Diego Ropero, Diana Luna, Steven F. White, Tomás Oliva, Carlos Tanne and David B. Preston; also to my friends David Neagle (Art Collector), Gary Goldbloom, Lou Kings, Barbara González and Alejandro Ríos...